Dit boek is van

Dit boek draag ik op aan mijn lieve ouders Cecile en Evert.
Jullie zijn voor altijd in mijn hart.

DIT IS EEN SPECIALE UITGAVE
yoga magazine

Willemien van Egmond

Retreat Yourself

VOOR EEN GEZOND EN GELUKKIG LEVEN

ALTAMIRA

Altamira 2016
© 2016 Willemien van Egmond

© 2016 Uitgeverij J.H. Gottmer / H.J.W. Becht BV, Postbus 317, 2000 AH Haarlem
(e-mail: post@gottmer.nl)
Uitgeverij J.H. Gottmer / H.J.W. Becht BV maakt deel uit van de
Gottmer Uitgevers Groep BV

Fotografie Nederland: Remko Kraaijeveld
Fotografie Ibiza: Anouk van Baal
Styling: Monique Hemmers, www.moods-ibiza.com
Modellen: Lilay Yuzgulen en Mieke Tau
Ontwerp omslag en binnenwerk: Suzanne Nuis, www.hitontwerp.nl

ISBN 978 90 230 1456 0
ISBN 978 90 230 1484 3 (e-book)
NUR 443, 485

Behoudens de in of krachtens de Auteurswet van 1912 gestelde uitzonderingen mag niets uit deze uitgave worden verveelvoudigd, opgeslagen in een geautomatiseerd gegevensbestand, of openbaar gemaakt, in enige vorm of op enige wijze, hetzij elektronisch, mechanisch, door fotokopieën, opnamen of een andere manier, zonder voorafgaande schriftelijke toestemming van de uitgever.

WWW.ALTAMIRA.NL

Inleiding
7

Een moment voor jezelf
11

Retreat your
MIND
16

Retreat your
HEART
36

Retreat your
BODY
50

Retreat your
FOOD
82

Retreat your
HOME
106

Extra tips
118

Dankwoord
123

Inleiding

Van mijn tiende tot mijn zestiende woonde ik in een woongroep in Breda, samen met mijn moeder, een bijzondere, creatieve en spirituele vrouw die me heel veel over het leven geleerd heeft. Vrijheid en spiritualiteit waren in deze omgeving heel normaal en ik heb me daar als kind altijd heel prettig bij gevoeld. Helaas overleed mijn moeder toen ik zestien was. Ik ging naar een pleeggezin waar ik heel liefdevol werd opgevangen. Dit gezin was echter heel rationeel en nuchter, en het stond heel anders in het leven dan hoe ik eerder opgevoed werd en was opgegroeid. Een situatie waar ik ontzettend aan moest wennen. Omdat dit mijn nieuwe leefomgeving was ging ik erg mee in hun leefstijl, maar op mijn dertigste kwam ik erachter dat dit niet bij mij paste. Ik raakte in een identiteitscrisis. Ik zat helemaal met mezelf in de knoop en wist niet meer wie ík nu was. Wie ben ik nu eigenlijk? Wat is mijn kern? Wat heb ik van mijn moeder meegekregen en wat van mijn pleegouders? En wat daarvan is nu echt van míj?

Om dit uit te zoeken ben ik vier maanden naar Spanje gegaan, naar Barcelona en Ibiza. Ik had het nodig om even letterlijk van alles afstand te nemen, om te ontdekken wie ik nu werkelijk was en wat ik wilde in het leven. Hiermee begon een moeilijke periode, omdat ik veel opgelegde verwachtingen (of verwachtingen waarvan ik dacht dat ze me opgelegd werden) los moest laten. Verwachtingen van mijzelf maar ook die van mijn omgeving.
Ik was destijds werkzaam als interieurarchitect en -stylist en haalde hier veel voldoening uit. Maar tijdens mijn verblijf in Spanje kwam ik er beetje bij beetje achter wat mijn kern is en dat ik dáár iets mee wilde doen. Door te reflecteren,

> 'Op deze plek wilde ik anderen ook dichter bij hun eigen kern laten komen en ze meer vanuit hun eigen waarheid laten leven.'

te voelen, in een dagboek te schrijven en door mijn dromen de vrije loop te laten werd me steeds duidelijker dat ik *mijn basis* weer in mijn leven wilde hebben. Ik wilde weer terugbrengen in mijn leven waar ik vandaan kwam en wat ik van mijn moeder had meegekregen.

Op Ibiza kwam ik thuis. Door de energie die daar heerst maar met name door de manier van leven die erg aansluit op hoe ik dat gewend was vanuit de jaren met mijn moeder. Tijdens mijn zoektocht naar mijzelf is ook het idee van *Retreat yourself* ontstaan. Sinds 2012 organiseer ik diverse retreats op het gebied van yoga, mindfulness en gezonde voeding. Deze onderwerpen hebben mijzelf enorm geholpen gedurende de afgelopen jaren. Het idee van een woongroep sprak me nog steeds erg aan, maar dan op een andere manier. Ik wilde een plek creëren waar mensen heen kunnen gaan om tot rust te komen, om inzichten en inspiratie op te doen. Waar ruimte is voor spiritualiteit, van mijzelf en van anderen, in welke vorm dan ook. Op deze plek wilde ik anderen ook dichter bij hun eigen kern laten komen en ze meer vanuit hun eigen waarheid laten leven. Dit doe ik door verschillende workshops aan te bieden maar ook door mensen van elkaar te laten leren tijdens gesprekken aan tafel. Hiermee heb ik de afgelopen jaren al veel mensen een plek geboden om tijd voor zichzelf te nemen en dichter bij zichzelf te komen.
Die eigen plek waar ik al jaren van droom komt steeds dichterbij, dat voel ik aan alles. Tot die tijd organiseer ik op diverse prachtige plekken in verschillende landen retreats waar mensen aan hun eigen vraagstukken kunnen komen werken. Ibiza is daarbij inmiddels een vaste plek geworden; het werd gedurende de laatste jaren zelfs een tweede thuis. Daar waar het zaadje voor *Retreat yourself*

jaren geleden in mijzelf geplant is, bied ik nu regelmatig anderen ook de kans dichter bij zichzelf, met andere woorden bij hun kern, te komen. Een deel van dit boek is zelfs op Ibiza geschreven en gefotografeerd, omdat het zo'n belangrijk onderdeel van mijn leven is geworden.
Naast deze zoektocht, die steeds helderder werd, ben ik me ook gaan verdiepen in zaken als yoga, meditatie en voeding. Het ligt allemaal zo dicht bij elkaar en door me in het een te verdiepen kwam ik ook in aanraking met het ander. Zo paste ik geleidelijk mijn voedingspatroon aan en ik merkte hoe goed me dat deed. Regelmatig stapte ik 's morgens op mijn yogamat en ik merkte hoeveel positieve invloed dat had op de rest van mijn dag. Mijn leven werd een steeds holistischer geheel, waarin alles met elkaar in verbinding stond en elkaar versterkte. En juist die combinatie heeft ervoor gezorgd dat ik nog meer vanuit mijn eigen kracht ben gaan leven. Ik werd steeds completer. En daarvoor hoefde ik echt niet iedere keer voor een lange tijd van huis. Ik leerde mezelf dit juist steeds meer te integreren in mijn normale, dagelijkse leven. Vanuit mijn eigen basis: thuis.

In dit boek reik ik je een paar tools aan die je kunt gebruiken om ook dichter bij jezelf en jouw kern te komen. Om goed voor jezelf te zorgen en meer naar jouw hart te leren luisteren. En om te durven leven. Natuurlijk gaat dit niet van de ene op de andere dag, voor mij is het ook een jarenlange zoektocht geweest waar ik nog steeds mee bezig ben. Maar hopelijk zet het boek je wel aan tot een verandering. Misschien dient het als een eerste stap die je kan helpen om jouw ware ik te vinden.
En hiervoor hoef je dus niet eens naar het buitenland te gaan: je kunt dit ook gewoon thuis doen.

Een moment voor jezelf

Een weekje weg of een geheel verzorgde retreat, echte *me-time*. Eens in de zoveel tijd heb je er gewoon behoefte aan: verdieping, ontspanning en even weg uit de dagelijkse sleur.
Veel mensen gaan op reis of een weekendje weg om tot zichzelf te komen en nieuwe energie of inspiratie op te doen. Ze reizen daarvoor af naar de meest fantastische plekken: detoxen in Turkije, yoga-retreats op Ibiza of Bali, schrijfweken in Zuid-Frankrijk...
Het is heel goed om zo nu en dan afstand te nemen van je dagelijkse ritme en patronen. Je zoomt even uit en kijkt met een frisse blik naar jezelf. Zowel je lichaam als je geest komt helemaal tot rust waardoor ruimte ontstaat voor nieuwe inzichten. Vaak stap je in een andere omgeving sneller uit je comfortzone en durf je acties te ondernemen die je normaal gesproken thuis niet zo snel zou ondernemen. Het is dus heel stimulerend om jezelf eens in de zoveel tijd op die manier uit te dagen en beter te leren kennen.
Maar na die periode waarin jij en jouw behoeften centraal staan, komt altijd dat moment dat je weer naar huis gaat. En daar wachten de dagelijkse bezigheden weer: boodschappen doen, de kinderen naar school brengen, op tijd op je werk zijn, deadlines halen en een volle agenda. Dan is het een uitdaging om de inzichten die je hebt opgedaan en dat relaxte gevoel dat je hebt ervaren tijdens je reis ook thuis vast te houden. Of om regelmatig tijd in te plannen voor jezelf. Je zult zonder twijfel snel in je oude patronen vervallen en je normale ritme weer oppakken. Probeer ervoor te zorgen ook thuis regelmatig dat fijne gevoel te ervaren waardoor je je wat meer ontspannen voelt. Al is het maar heel even. Maar hoe doe je dat? Hoe roep je thuis dat gevoel op dat je hebt ervaren tijdens je reis? Zou het niet heerlijk zijn als je daarvoor niet altijd de deur uit hoeft te gaan? Dat je gewoon in je eigen huis met je eigen spullen in je eigen ritme tot jezelf kunt komen?

In dit boek geef ik je praktische tips om rust in je hoofd te behouden, je dromen te verwezenlijken, je lichaam te ontspannen, gezond te eten en je huis op een prettige manier in te richten. Alles voor een leuk, inspirerend en gezond leven!

Wat is een retreat?

Retreat is het Engelse woord voor *retraite*, letterlijk: je terugtrekken. Een retreat staat voor een periode waarin je tijd neemt voor jezelf om te reflecteren, te verdiepen, te vertragen. Je stapt hierbij even uit je dagelijkse leven en alle verplichtingen die daarbij horen. Je neemt een tijdje letterlijk afstand. Alle aandacht gaat even naar jou in plaats van naar je omgeving. Het liefst doe je dit met zo min mogelijk tot geen afleiding, zoals computer of telefoon. Je kunt in deze periode nieuwe inzichten opdoen waardoor je persoonlijk groeit en dichter bij jezelf en je kern komt.

Probeer één keer per maand, of vaker als je wilt, een dag in te plannen die anders loopt dan normaal. Dus met zo min mogelijk tot geen gebruikmaken van je mobiele telefoon, social media, de buitenwereld. Het is heerlijk om af en toe alleen maar met jezelf bezig te zijn! Je kunt dit schema alleen uitvoeren, samen met je partner of kinderen of met een goede vriendin. Het gaat erom dat je even heel bewust bent van wat je doet, alleen of met elkaar, en dat je volledig ervaart waar je mee bezig bent.

Voorbeeld van een dagschema

8.00 uur Rustig wakker worden en opstaan. Doe 20 minuten yogaoefeningen en mediteer. Trek kleding aan waarin je je comfortabel voelt, bijvoorbeeld een joggingbroek en een lekkere trui.

8.30 uur Drink een glas lauwwarm water met citroensap om je spijsvertering op gang te brengen en maak vervolgens een lekker ontbijt (zie ontbijtrecepten pagina 93).

9.00 uur Lekker naar buiten! Maak een wandeling, ga een stuk fietsen, zoek de natuur op. Probeer eventueel de wandelopdracht uit te voeren waarbij je al je zintuigen gebruikt (zie pagina 30).

10.00 uur Weer thuis. Drink een kop thee of koffie.

10.30 uur Neem een uitgebreide douche of ga lekker in bad. Wil je extra tijd aan je lichaam besteden? Kijk dan op pagina 55 voor tips voor een spadagje at home. Lees een boek of rommel wat in huis of de tuin.

12.30 uur Lunchtijd. Kijk voor lekkere, gezonde lunchtips bij hoofdstuk Retreat your FOOD op pagina 99.

14.00 uur Probeer te voelen waar je behoefte aan hebt. Heb je zin om je gedachten in een dagboek te schrijven en zo je hoofd leeg te maken? Of heb je zin om je huis op orde te maken en het wat gezelliger te maken? Je kunt ook een persoonlijk *vision board* uitwerken en een mooi doel of je droom voor jezelf uitwerken. Lees op pagina 43 hoe je dat doet.

16.00 uur Maak een lekkere kop thee of warme chocolademelk voor jezelf (zie pagina 100).
Ga verder waarmee je bezig was of neem de tijd om een boek of tijdschrift te lezen.

18.00 uur Ga lekker de keuken in om een fijne maaltijd klaar te maken. Maak een verwarmende soep of een voedzame salade. Bereid je maaltijd met liefde, en bedenk dat je zo meteen van een heerlijke maaltijd zult genieten. Drink een lekker glas wijn tijdens het koken en zet eventueel een muziekje op zodat je met nog meer plezier in de keuken staat. Wanneer je je maaltijd met liefde en plezier maakt, dan proef je dat gegarandeerd!

19.00 uur Neem de tijd om van je maaltijd te genieten. Heb je zin om aan een mooi gedekte tafel te eten of gewoon lekker op de bank te ploffen? Doe waar jij zin in hebt, maar geniet wel met aandacht!

20.00 uur Maak een avondwandeling of kijk eindelijk de film die al zo lang op je verlanglijstje staat. Filmtip: *The Power of the Heart*.

22.00 uur Maak je klaar om naar bed te gaan. Mediteer nog 10 of 20 minuten om je dag af te sluiten en doe wat ontspannende yogaoefeningen om tot rust te komen. Geef jezelf een voetmassage met bijvoorbeeld verwarmende sesamolie en kruip lekker in bed. Het lijkt misschien wat vroeg om te gaan slapen maar je zult je morgen heerlijk uitgerust voelen na deze ontspannende dag waarin je helemaal hebt toegegeven aan waar jij behoefte aan had!

Retreat your MIND

MIND

Stilte
in je hoofd
is een bron
van geluk.

SRI SRI RAVI SHANKAR

'Onze hersenen maken overuren en kunnen de vele prikkels die gedurende de dag binnenkomen nog maar nauwelijks verwerken.'

Innerlijke rust. Wat klinkt dat heerlijk! Je hoort het overal om je heen en het lijkt wel of iedereen ernaar op zoek is tegenwoordig. Door yoga te beoefenen, te mediteren, cursussen mindfulness en diverse workshops te volgen hopen we allemaal een antwoord te vinden op onze vragen. Met als belangrijkste vraag: hoe bereik ik innerlijke rust?

Als je geen rust in je hoofd hebt, dan is de rest van je lichaam ook onrustig. Je lichaam en je hoofd zijn immers onlosmakelijk met elkaar verbonden. Je kunt je niet goed concentreren en je hebt slaapproblemen. Hierdoor raak je vermoeider en de vicieuze cirkel lijkt oneindig. Veel mensen zijn tegenwoordig de hele dag druk waardoor we altijd op 'actief' staan en nog nauwelijks écht tot rust komen. We zijn te druk met van alles waardoor we geen ruimte meer hebben om te genieten van bijvoorbeeld de stilte. We vullen alle ruimte die we hebben met afleiding. Onze hersenen maken overuren en kunnen de vele prikkels die gedurende de dag binnenkomen nog maar nauwelijks verwerken.
Dit hoofdstuk laat je zien hoe je meer rust kunt inbouwen in je hoofd en dus in je leven. Hoe je weer echt de tijd kunt nemen voor de dingen die je interesseren. Door weer meer vanuit jezelf te leven, vanuit jouw waarden, waardoor je meer rust zult ervaren. En vanuit je *mind* zal dan de rest van je lichaam volgen.

Altijd online

De meesten van ons beginnen de dag, nog half slapend, met een blik op de smartphone. En dit gaat de hele dag door tot we 's avonds weer in bed liggen waar we ook nog even de laatste nieuwtjes checken. Niks willen we missen! We besteden tegenwoordig ruim drie uur per dag aan social media en internet. Waar we vroeger misschien de tijd namen om rustig een boek te lezen of samen een spel speelden en op die manier tot rust kwamen, zitten we nu met een smartphone of tablet op de bank onze hersenen nog meer te prikkelen. Onze hersenen zijn overdag constant actief, waardoor er geen ruimte is om de vele prikkels te verwerken en een plekje te geven.

Als je overdag of 's avonds niet de tijd neemt om alle prikkels te verwerken, dan doen je hersenen dat op een ander moment: 's nachts wanneer je eigenlijk hoort te slapen. Het volgende scenario komt je vast niet onbekend voor: je gaat naar bed, leest nog wat (of je checkt nog even je laatste berichten op je smartphone), het licht gaat uit en vervolgens wacht je op de slaap die maar niet komt. Of je valt wel in slaap maar na een paar uur word je weer wakker en het lukt je niet om opnieuw in slaap te vallen omdat je zo druk bent in je hoofd. En dit gebeurt meerdere nachten per week. Omdat je overdag niet de tijd hebt genomen om alle prikkels te verwerken en ze een plekje te geven, draaien je hersenen nog op volle toeren om alles wat die dag gebeurd is te verwerken. Je voelt je onrustig en snapt niet dat je maar niet in slaap valt. Dit komt simpelweg doordat je je geest niet de benodigde rust gegund hebt.

In *Het Parool* van 30 december 2014 schrijft Lorianne van Gelder dat uit wetenschappelijk onderzoek is gebleken dat de 24 uurseconomie, het altijd online willen zijn en het doordeweeks uitgaan mogelijke oorzaken van slaapgebrek zijn. Zij haalt in haar artikel Gerard Kerkhof, emeritus hoogleraar van de UvA en als psychofysioloog verbonden aan het Slaapcentrum van MC Haaglanden, aan. Hij geeft aan dat

MIND

het het beste is om na negen uur 's avonds niet meer naar een scherm te kijken omdat het licht van de schermen daadwerkelijk je biologische klok en daarmee je slaapritme beïnvloedt. Daarbij is het moeilijker om in slaap te vallen wanneer je voor het slapen nog gestimuleerd wordt door het drukken op knopjes of het lezen van een vervelende e-mail. Probeer dan nog maar eens in slaap te vallen. Zijn advies is dus ook: gooi die smartphone de slaapkamer uit. Weg met die telefoon of televisie bij je bed.

Verwachtingen

Niets is onmogelijk is een veelgehoorde uitspraak. Onze omgeving verwacht veel van ons tegenwoordig: carrière, een gezin, een rijk sociaal leven enzovoort. Maar we verwachten ook veel van onszelf. We leggen onszelf druk op, willen ons blijven ontwikkelen en niet achterblijven. Studeren, cursussen volgen, de mooiste en verste reizen maken. We zien zo veel voorbijkomen bij anderen en worden daar, bewust en onbewust, door beïnvloed. We willen niets missen en zijn onszelf constant met anderen aan het vergelijken. We willen ons niet saai voelen, wat gevoed wordt door wat we op de social media voorbij zien komen. Het komt bijna niet voor dat we een hele week geen afspraken in onze agenda hebben staan en ook de weekenden worden ver tevoren volgepland. We gaan naar yoga, volgen een cursus in de avonduren, willen die nieuwe film in de bioscoop zien, uit eten met een vriendin en sporten, en voor je het weet heb je geen avond vrij voor jezelf om even écht uit te rusten. Door simpelweg lekker thuis te blijven en niets te moeten. Even geen tijdsdruk te ervaren.

En dit heeft ook direct invloed op de rust in je hoofd. Helemaal niet verkeerd dus om hier weer eens wat vaker bij stil te staan! Ondertussen raken we ongemerkt steeds verder verwijderd van onze eigen kern. In plaats van naar ons eigen leven te kijken zijn we meer bezig met dat van anderen en met wat zij van ons vinden. Voelen we ons fijn en zijn we tevreden met de keuzes die we maken, ongeacht wat de buitenwereld ervan vindt en hoeveel *likes* dit oplevert? Laat dingen los waarvan je dénkt dat mensen ze van je verwachten of die je jezelf oplegt omdat je denkt dat mensen ze van je verwachten. Laat het gaan en luister naar je eigen kern. Waar word jij gelukkig van? Wat past bij jou? Wat geeft jou rust of juist energie?

Leer luisteren naar je kern

Belangrijk bij het vinden van (innerlijke) rust is luisteren naar je intuïtie. Dit wordt ook vaak aangeduid met het stemmetje in je hoofd of je onderbuikgevoel. Als kind kunnen we dit heel goed en voelen we heel duidelijk aan wat we wel of niet willen en of iets klopt of niet. Maar naarmate we ouder worden, raken we steeds meer verwijderd van dit oergevoel. Onze intuïtie raakt steeds meer naar de achtergrond waardoor we er niet meer naar leren en – belangrijker nog – naar durven luisteren. Langzaam worden we allemaal bedekt door verschillende lagen, waardoor het steeds moeilijker wordt om bij onze eigen kern te blijven. En daarnaar te handelen.

MIND

'Gedachten komen en gaan; het gaat erom dat je je aandacht richt op wat er is.'

Voor velen van ons is het heel lastig om door die lagen van verwachtingen en sociale druk heen te komen en het brandende lichtje van onze eigen kern te blijven zien, en daarnaar te luisteren zonder dit steeds weg te wuiven met een gedachte als 'ja maar...'.

Vooral als je eigenlijk iemand bent die helemaal niet zo veel prikkels aankan en kan verwerken is de tijd waarin we nu leven, met alle mogelijkheden en invloeden, lastig. Dan is het des te moeilijker om bij je ware ik te blijven. Het kost je dan nóg meer energie en wilskracht om je niet te laten overrompelen door alles wat er in de wereld om je heen gebeurt. Waardoor het vaak eerder aanvoelt als *over*leven. Want hoe graag je ook mee wilt hollen en mee wilt doen, je kunt het simpelweg niet bijhouden. Al die prikkels die je gedurende de dag opdoet zijn moeilijk te verwerken door je hersenen waardoor je vermoeider en vermoeider raakt. En voor je het weet loop je leeg, met in het ergste geval een burn-out als gevolg.

Waarom zou je niet vaker voor jezelf kiezen? Luisteren naar je intuïtie, naar wat je lijf je vertelt? Het stemmetje in je achterhoofd, of dat bekende onderbuikgevoel, heeft altijd gelijk!
Maar onthoud wel: wat voor jou geldt, geldt ook voor een ander. Dus let erop dat je zelf iemand anders ook geen verwachtingen oplegt, niet te veel eisen stelt en je teleurstellingen niet al te zeer laat merken. Geef een ander de ruimte die hij net zo hard nodig heeft als jij.

Mediteer

Bij meditatie denken mensen vaak aan stilzitten op een meditatiekussen en aan niets denken. Wanneer je dit probeert, zul je vrij snel ontdekken dat dit vrijwel onmogelijk is, vooral wanneer je net begint met mediteren. Gedachten komen en gaan; het gaat erom dat je je aandacht richt op wat er is. Wees niet te streng voor jezelf wanneer je moeite hebt je gedachten los te laten. Iedereen beleeft meditatie op zijn eigen manier en er zijn veel verschillende manieren om te mediteren. Waar het om gaat is dat je leert ontdekken wat er zich op dat moment in je binnenste afspeelt en dat je contact maakt met jezelf.
Probeer te voelen wat er bij je naar boven komt tijdens de meditatie. Merk je dat je onrustig bent in je buik of lijf? Adem daar dan met aandacht naartoe en probeer te voelen waar de onrust vandaan komt. Maak het zachter door ernaar te kijken en het aandacht te geven.

Ben je heel gevoelig en heb je moeite met een nieuwe omgeving, bijvoorbeeld als je op vakantie gaat? Dan kun je meditatie ook inzetten om te aarden door rustig te gaan zitten en naar je voeten en de aarde te ademen. Hierdoor kom je ergens veel beter aan.

Het is soms lastig je er daadwerkelijk toe te zetten om te mediteren. Onthoud echter dat je dit zeker niet een halfuur hoeft te doen. Je zult merken dat je vaak na 10 minuten mediteren al meer rust ervaart. Simpelweg omdat je even echt aandacht hebt gegeven

MIND

aan dat wat zich aandient en je de moeite hebt genomen om daarnaar te kijken. Het mag er zijn. Mediteren helpt je ook om naar je kern te leren luisteren.

Op de vlucht voor jezelf?

Het is ook belangrijk om na te gaan waaróm je prikkels opzoekt en denkt nodig te hebben. Naast het feit dat er zo veel mogelijkheden zijn en zo veel leuke dingen om te doen waardoor we onszelf regelmatig voorbijrennen, speelt er ook nog een andere, minder zichtbare, factor mee. Sommigen plannen hun agenda ongemerkt expres zo vol en denken dat ze het liefst zo veel mogelijk onder de mensen zijn, terwijl dit ze eigenlijk uitput. Natuurlijk doen we allemaal leuke dingen en spreken we regelmatig af met vrienden of collega's, wat heel normaal en gezond is. Maar dit gebeurt ook vaak vanwege een onderliggende gedachte waar we niet te veel bij stil willen staan: we willen, of kúnnen, niet alleen zijn.

Wees hierin heel eerlijk tegen jezelf. Luister naar het stemmetje in je achterhoofd, je kern. Doe je de dingen die je doet vanuit interesse en enthousiasme of heb je het nodig omdat je bang bent om naar jezelf te luisteren? Omdat je op de vlucht bent voor bijvoorbeeld eenzaamheid of afwijzing en niet durft te voelen wat zich aan je wil tonen? Zoek je daarom afleiding buitenshuis?

Rust...

Iedereen heeft voldoende rust nodig, hoewel de mate van persoon tot persoon kan verschillen. De een vindt het heerlijk om veel afspraken te maken en krijgt daar juist energie van, terwijl de ander er helemaal uitgeput van raakt. Belangrijk is dus om hier naar je eigen gevoel te luisteren en je eigen rustmomenten in te bouwen wanneer jíj ze nodig hebt.

Om te voorkomen dat je energie wegstroomt en om ervoor te zorgen dat je je lekker en energiek voelt, is het heel belangrijk om jezelf regelmatig een rustmoment te gunnen. Neem voordat je naar bed gaat een bad of douche, maak een wandeling na het eten, ga naar de sauna, naar yoga of loop eens lekker een hele ochtend in je pyjama rond. Doe waar jij je fijn bij voelt en waar jij van uitrust. Het gaat erom dat je even geen tijdsdruk voelt, dat er een keer niets móét. Dat je lichaam een tijdje geen stress ervaart maar heerlijk uit kan rusten. Vaak als je aan dat soort momenten toegeeft, voel je pas hoe moe je werkelijk bent. Ervaar het en onderga het. En zorg ervoor dat je je de volgende dag weer fitter en energieker voelt. Voel je op zo'n dag niet minder dan een ander of saai omdat je niet zo veel aankunt. Accepteer dit van jezelf.

... en regelmaat

Een onregelmatig leefpatroon kan ervoor zorgen dat je uit balans raakt. Een onregelmatig leven met veel verschillende afspraken en afleiding zorgt voor onrust. Dit uit zich in bijvoorbeeld slapeloosheid, stress en concentratieverlies. Regelmaat zorgt ervoor dat je overzicht krijgt in je leven.

Tips

* Zet niet weer die telefoon of computer aan als afleiding, maar zoek de stilte op om te voelen en te verwerken.
* Focus! Houd je niet met verschillende dingen tegelijk bezig, maar richt je op één activiteit. Multitasken leidt af en kost ongemerkt veel energie. Doe wat je doet met aandacht.
* Zoek contact met mensen bij wie je je prettig voelt en bij wie je jezelf kunt zijn. Mensen bij wie je je niet hoeft te verantwoorden, omdat ze je begrijpen. Je zult merken dat wanneer je steeds meer naar je intuïtie leert luisteren, er meer mensen op je pad komen die bij je passen.
* Mediteer. Begin je dag met 10 minuten meditatie.
* Durf 'nee' te zeggen.
* Durf je nog geen 'nee' te zeggen? Probeer dan dit eens: Is je iets gevraagd waar je niet meteen antwoord op wilt geven? Zeg dan tegen die persoon dat je er later op terugkomt. Sluit je ogen, durf naar je echte gevoel te luisteren, zonder je te laten beïnvloeden wat je ratio je zegt. En zeg dan nee.

Er zit ook nog een ander voordeel aan nee zeggen: je zult merken dat je des te meer geniet van dat waar je wel 'ja' tegen zegt. Simpelweg omdat je daar dan meer energie en aandacht voor hebt.

Maar het klinkt zo saai: op tijd opstaan en elke avond om dezelfde tijd naar bed en dan het liefst vóór 22.30 uur. Of een vast ochtendritueel waarin je tijd maakt voor yoga en meditatie. Maar het werkt wel en je lichaam heeft er het meeste baat bij. Zowel je lichaam als je geest krijgt dan rust en daardoor heb je de hele dag een goede energie en focus. Zorg voor voldoende slaap en plan vaste rustmomenten zodat je lichaam en geest kunnen opladen.

Niet te veel

Plan één keer per week een moment voor jezelf. Dat kan een ochtend of avond zijn, maar ook een hele dag. Op dat moment doe je waar jíj zin in hebt en wat voor jou nodig is om te ontspannen en op te laden. Voor de een is dat lekker alleen thuis zijn, in pyjama rondlopen en een beetje thuis rommelen. Iemand die wat actiever is, kan juist energie krijgen door eropuit te gaan of te gaan sporten. Voel dus wat bij jou past en geniet van jouw moment! Probeer ten minste twee avonden per week vrij te houden in je agenda. Zorg ervoor dat je agenda niet overloopt met afspraken.

Zoek de stilte op. Ga de natuur in, wandelen bijvoorbeeld. Laat de stilte toe in je hart en hoofd.

Zet eens in de zoveel tijd je wekker voordat de zon opkomt. Stap uit bed, trek een lekkere outfit aan en ga direct naar buiten om daar wakker te worden. Maak een ochtendwandeling terwijl de wereld om je heen langzaam ontwaakt en de zon opkomt. Kijk bewust om je heen hoe de natuur ontwaakt en ervaar wat dit met je doet. Na zo'n start van de dag bruis je van de energie!

Merk je dat je veel in je hoofd zit en dat je hoofd overloopt? Sta dan even heel bewust stil bij wat je op dat moment aan het doen bent, haal diep adem en adem naar je voeten. Voel je adem van je neus door je lichaam naar je voeten stromen. Hierdoor aard je beter en stroomt de rust vanzelf door je lijf. Leg je telefoon 's nachts niet naast je op het nachtkastje, maar leg deze in de woonkamer of keuken. Dit zorgt ervoor dat je niet meteen naar je telefoon grijpt zodra je wakker wordt. Probeer iedere ochtend bewust op te staan. Neem even een moment voor jezelf, al is het maar 10 minuten. Doe wat yogaoefeningen of mediteer. Stem af op jezelf: hoe voel je je? Wat is vandaag je intentie?

Plan naast de afspraken die je met anderen maakt, ook afspraken met jezelf. Bijvoorbeeld zaterdagochtend van 9.00 tot 12.00 uur: me-time. Hiermee vergeet je jezelf niet en maak je jezelf net zo belangrijk als anderen. Laat je telefoon eens thuis als je iets leuks gaat doen. Ervaar volledig wat je aan het doen bent en geniet ervan!

Verwacht niet te veel van jezelf. Vergelijk jouw leven niet met dat van anderen. Lijkt het alsof iedereen om je heen wel alles aankan en energie voor tien heeft? Vaak is dat niet waar. Als je hier open over durft te praten, zul je merken dat meer mensen het lastig vinden om een juiste balans te vinden.

Lees ook:
Amy Ahlers en Christine Arylo:
Nooit goed genoeg
Brene Brown:
De moed van imperfectie
David Dewulf:
Mindful gelukkig
Guy Finley:
Loslaten
Edel Maex:
Mindfulness
John Kabat-Zinn:
Mindfulness voor beginners + cd

Wandel- en schrijfoefening

Maak een (natuur)wandeling van een halfuur tot een uur en let op al je zintuigen, maak de wandeling heel bewust. Let op je voeten en probeer je stappen bewust te zetten. Voel je voetzolen de grond raken. Je zult merken dat je aandacht en ademhaling zich vanzelf op de grond richten en je daarmee uit je hoofd raakt.

Schrijf daarna onderstaande vier dingen op:
* Wat heb je gezien?
* Wat heb je gehoord?
* Wat heb je geroken?
* Wat heb je gevoeld?

Door op deze manier te wandelen en het daarna op te schrijven word je je steeds bewuster van de natuur en stilte om je heen.

Het Paradijspad in Barneveld (wat een mooie naam!) is een wandeling van 10 kilometer. Je wandelt door weilanden, landgoederen, langs boerenerven en beken in het prachtige buitengebied van Barneveld. Rust, kleinschaligheid en de combinatie van natuur en cultuur bepalen hier de sfeer.
www.klompenpaden.nl

Ter afsluiting of ter onderbreking van je wandeling over dit prachtige pad kun je genieten van thee met wat lekkers bij Boerderij 't Paradijs. In het landschapshuis kun je terecht voor een sfeervolle theeschenkerij en voor diverse biologische producten. Ze verkopen biologische groenten, vlees en diverse andere producten zoals jams, sappen en eierlikeur.
www.boerderijparadijs.nl

* Wat heb je gezien?

* Wat heb je gehoord?

* Wat heb je geroken?

* Wat heb je gevoeld?

Retreat your HEART

HEART

Luister
naar
je hart.
Het weet
alles.

PAULO COELHO

'Je hart volgen is zo makkelijk nog niet: je moet keuzes durven maken en obstakels overwinnen.'

Het is iets waar veel mensen naar verlangen: hun dromen werkelijkheid laten worden. Grote dromen zoals naar het buitenland verhuizen om daar een nieuw leven te starten, een andere baan die meer voldoening geeft, een nieuwe studie volgen, het stichten van een gezin, die ene grote reis maken. Maar ook kleinere dromen: meer tijd voor jezelf, die ene leuke man benaderen terwijl je doodsbang bent voor een afwijzing, eindelijk eens beginnen aan die blog waarvoor je al maanden leuke ideeën hebt. Maar je hart volgen is zo makkelijk nog niet: je moet keuzes durven maken en obstakels overwinnen.

Diep in je hart

Veel mensen vinden het moeilijk of eng om naar hun gevoel en verlangens te luisteren. We worden beperkt door de verwachtingen en ideeën die we onszelf opleggen, maar ook door de mensen om ons heen. Vrienden, collega's, familie, ze hebben allemaal bepaalde verwachtingen van je. Door onze opvoeding worden we vaak al in een bepaalde richting gestuurd, een richting die later misschien helemaal niet bij ons blijkt te passen. Omdat we onszelf en onze omgeving niet willen teleurstellen luisteren we te vaak niet naar ons gevoel. En daarmee cijferen we onze dromen weg. Ons verstand vertelt namelijk dat we beter voor zekerheid kunnen kiezen, niet te veel risico's moeten nemen en dat niet alles wat we willen mogelijk is. Het is dan heel moeilijk om naar jezelf te luisteren en toe te geven aan je eigen gevoel. Natuurlijk is er niets mis mee om ook stil te staan bij de consequenties van de keuzes die je maakt. Dat is zelfs heel verstandig. Maar het hoofd neemt het te vaak over van het hart, waardoor we gaan twijfelen aan onze dromen. En dan leven we niet vanuit passie maar vanuit angst en onzekerheid. Zo ontzettend zonde! Hoe mooi zou het zijn als je wél vanuit je passie en dromen durft te leven en daarmee iets bereikt waar je diep vanbinnen naar verlangt?

HEART

Je hart, je droom

Maar hoe begin je nu met het verwezenlijken van je dromen? Hoe kom je erachter wat de passie is waar je voor wilt gaan? En waar moet je mee beginnen? Wat heel belangrijk is: dúrf! Durf te luisteren naar jezelf, durf te kijken naar wat zich laat zien in je hart, durf het uit te spreken naar jezelf en durf het te delen met anderen. Maar vooral: durf uit je comfortzone te stappen. Ga dingen aan die je doodeng vindt en die buiten je standaardpatronen vallen. Stap uit je veilige cirkeltje. Want op die manier gaat je passie echt leven en ga je steeds meer ontdekken wat echt bij jou past.

Stappenplan

1. Ontdek wie je bent

Misschien vraag je je wel af: maar wie ben ik eigenlijk? Niet iedereen weet dat van zichzelf en kan die vraag hardop beantwoorden. Want wat is je aangeleerd en opgelegd, en wat is echt van jóú? Het is heel spannend om daarnaar te gaan kijken. Ga hierbij je angsten aan en kijk ze in de ogen. Wat houdt je eigenlijk al jaren tegen? Binnen welke patronen en kaders leef je, bijvoorbeeld vanuit je opvoeding? Heb je het beeld meegekregen dat je hard moet werken en sparen voor later maar voel je al jaren dat dat eigenlijk helemaal niet bij je past?

Een leuke en speelse manier om meer inzicht te krijgen in jezelf is door al je eigenschappen die in je opkomen op te schrijven. Schrijf steekwoorden op die bij jou passen, zonder erover na te denken en zonder te oordelen. Kijk met een open blik naar jezelf. Dus zonder zelfkritiek, zonder jezelf naar beneden te halen of jezelf minder te voelen dan anderen, zonder te denken dat je het toch niet kunt. Op deze manier wordt helder wie jij bent en krijg je al een beter inzicht in jezelf. De woorden die je opschrijft staan voor jouw identiteit.

Schrijf de woorden op een groot vel, door elkaar heen. Schrijf bepaalde woorden groter als je vindt dat die meer over je zeggen dan andere. Termen waaraan je kunt denken: organiseren, doen, creatief, wandelen, verzorgen, vormgeven, fotograferen, schrijven, overzicht houden, enthousiast, schilderen, muziek maken, ondernemend, lezen, eten, koken, ontdekken, analyseren.

Het kan van alles zijn, als het maar bij jou past. Wat zegt je intuïtie?

2. Ontdek je passie

Misschien heb je al een sterk idee wat jouw passie is, maar durf je er nog niet mee aan de slag te gaan. Of misschien heb je nog geen enkel idee. Het is niet voor iedereen even makkelijk om te weten waar haar of zijn ambities en dromen liggen, juist doordat we soms zo beperkt zijn in onze ideeën en we vergeten zijn hoe we kunnen dromen en fantaseren. Een goede vraag om na te gaan waar je passie ligt is: doe je wat je doet voor jezelf en voor je eigen geluk of om aan de verwachtingen van iemand anders te voldoen? Laat je je (onbewust) beïnvloeden door je omgeving?

Willemien: 'Ik heb jaren als interieurarchitect gewerkt, voornamelijk in loondienst. Een aantal jaren geleden heb ik een radicale stap gezet. Ik startte met Retreat yourself en werd daardoor zelfstandig ondernemer en eigenaar van een bedrijf dat helemaal niets met mijn vakgebied als interieurarchitect te maken had. Maar iets in mij had het vertrouwen dat het goed zou komen en dat het zou lukken zolang ik erin zou blijven geloven.

Ik ben aan de slag gegaan met mijn eigen levenservaring en inzicht en zo heb ik stapje voor stapje mijn bedrijf opgebouwd. Natuurlijk vliegt het mij ook wel eens naar de keel en denk ik: waar ben ik aan begonnen? Maar tegelijkertijd heb ik sterk het gevoel dat ik momenteel het juiste pad bewandel en dat ik de doelen die ik voor ogen heb snel genoeg bereik. Ik voel namelijk aan alles dat dit mijn passie is. Ik voel het ook aan de lichte sensatie die door mijn lichaam gaat wanneer ik denk aan de plannen die ik nog heb voor de toekomst. Een basis op Ibiza is daarbij een grote droom van mij, die de afgelopen jaren steeds meer vorm krijgt. Misschien lukt niet alles meteen; soms heb je wat meer geduld nodig. Maar op het moment dat ik er klaar voor ben zal het universum mij sturen wat nodig is om verder te bouwen aan mijn droom. Dat klinkt misschien wat zweverig, maar daar geloof ik in. En dus ga ik door en geef ik niet op. Ik vertrouw op mijn intuïtie.

Dit alles gaat echt niet alleen door mijn doelen te visualiseren en ergens sterk in te geloven. Ik werk er hard voor en neem risico's. Onderweg kom ik grotere en kleinere obstakels tegen. Daar probeer ik mee om te gaan, ik observeer ze en kijk wat ik ervan kan leren, om vervolgens weer door te lopen over het pad naar mijn doel. Mijn droom.'

HEART

'Waarvan gaat je bloed sneller stromen en krijg je een glimlach op je gezicht?'

Laat alle vooroordelen en angsten los en voel waar jij blij van wordt. Bij welke gedachte maakt je hart een sprongetje? Waar word je enthousiast van? Wat is jouw talent? Waarbij voel je dat je je extra in zou willen zetten, om hoe dan ook jouw doel echt te bereiken? Waarvan gaat je bloed sneller stromen en krijg je een glimlach op je gezicht? Wat stop je al jaren weg omdat je denkt dat het niet kan of mag? Luister naar je hart en vertrouw op wat je hart je ingeeft. Wanneer je iets gaat doen wat je graag doet, wat dicht bij je hart ligt, dan geeft dat energie in plaats van dat die weglekt.

3. Zet je dromen op papier, maak ze zichtbaar

Zet stappen in de richting van je droom. Manifesteer je droom en zeg hardop wat je wilt doen of bereiken. Realiseer je dat je je dromen met kleine praktische stappen kunt verwezenlijken. Je moet realistisch zijn; dit gebeurt niet van de ene op de andere dag. Het is bijvoorbeeld niet heel verstandig om vandaag je baan op te zeggen en morgen naar het buitenland te vertrekken zonder enig vooronderzoek. Alleen met dromen en visualiseren kom je er niet. Er is daadwerkelijke actie voor nodig om de energiestroom in gang te zetten.

Maak een lijst met alle concrete stappen die je moet zetten. Wat brengt jou dichter bij je doel? Schrijf je in voor een cursus of opleiding, maak afspraken met mensen die je kunnen helpen of die dezelfde ideeën hebben, ga naar workshops die je inspiratie geven, lees boeken en blogs over onderwerpen die je aanspreken. Ga actief aan de slag en kom stapje voor stapje steeds dichter bij het doel dat je voor ogen hebt. Wanneer je een mogelijkheid ziet om je droom te verwezenlijken dan ga je er ook eerder voor. Je zet je extra in om die cursus af te ronden of je leeft een paar maanden wat zuiniger zodat je straks die ene grote reis kunt maken waar je al jaren van droomt. Geef jezelf de ruimte en de tijd om te ontdekken wat je zou willen doen of veranderen.

4. Visualiseer!

Het werkt heel goed als je je droom of verlangen omzet in beelden. Daardoor gaat het leven en krijgt het echt vorm. Je kunt bijvoorbeeld een vision board maken. Neem daarvoor een groot stuk stevig karton of foamboard. Knip uit tijdschriften de foto's en stukjes tekst die jou aanspreken. Denk daarbij steeds: daar wil ik naartoe. Plak de foto's, kaarten, stukjes tekst of wat je ook erbij vindt passen op het vision board, totdat je vindt dat jouw beeld compleet is. Plaats het complete vision board ergens waar je het vaak ziet, zodat het deel vormt van je dagelijks leven. Als je vision board onderdeel is van je interieur integreer je het al in je leven.

Wat je aandacht geeft, groeit. Als je ergens heel erg in gelooft en sterk visualiseert, dan komt het ook naar je toe. Je trekt het aan waardoor de energie in de juiste richting gaat stromen: je zet alles in gang om jou bij jouw doel te krijgen. Wanneer je ergens voor gaat, dan zul je merken dat de juiste dingen op je pad komen.

HEART

*Er is niets inspirerender dan
iemand om je heen te hebben
die zijn of haar dromen verwezenlijkt.*

JOHAN NOORLOOS

5. Laat je niet ontmoedigen
Wanneer je eenmaal begonnen bent aan het verwezenlijken van je droom of passie, zul je altijd weerstand vanuit je omgeving krijgen. Soms begrijpen mensen je keuzes niet of zijn ze jaloers en projecteren dat op jou door je niet te steunen. Laat je daardoor niet ontmoedigen en probeer dicht bij jezelf te blijven.
Je zult ook regelmatig aan jezelf gaan twijfelen. Heb je wel de juiste keuze gemaakt en is het nu wel zo verstandig? Realiseer je echter dat angst een van de sterkste emoties is en tevens de slechtste raadgever. Het is heel moeilijk je hiertegen te verzetten en je er niet te veel door te laten beïnvloeden. Je hebt dan ook, naast durf en moed, doorzettingsvermogen en discipline nodig. Maar twijfel niet aan jezelf: twijfel is een blokkade die de juiste energieflow in de weg staat. Geef niet zomaar op. Geniét vooral van je zoektocht en je weg naar je doel. Je komt onderweg absoluut obstakels tegen, maar probeer daarnaar te kijken en ervan te leren. Je zult er door groeien en sterker worden! Blijf luisteren naar je gevoel, naar dat stemmetje dat je vertelt wat goed voor je is en wat niet. Zonder angst, twijfel of schaamte. Blijf geloven in jezelf en in je doel en passie!

Dat je je hart gaat volgen hoeft niet te betekenen dat je je hele leven om moet gooien. Je kunt ook kijken of je binnen je huidige situatie een andere vorm kunt vinden die beter bij je past. Ben je bijvoorbeeld fotograaf maar word je er niet gelukkig van om portretten te maken en op bruiloften te fotograferen? Stap dan uit je comfortzone en kijk of je andere projecten kunt fotograferen die dichter bij je liggen, bijvoorbeeld natuur of eten en drinken. Op die manier houd je je bij je passie. Echter, door er een andere wending aan te geven, die dichter bij je hart ligt, ga je er weer meer plezier aan beleven.

Tip
Een manier om meer naar je gevoel te leren luisteren en daardoor je passie te ontdekken is door de stilte op te zoeken. Ga de natuur in, zonder enige afleiding, en voel wat je wordt ingegeven. Stel je open voor alles wat zich aandient. Schrijf je gedachten voor jezelf op. Meditatie is ook een goed middel om dichter bij jezelf te komen. Daarvoor hoef je niet meteen 20 minuten op een kussen te gaan zitten. Concentreer je een paar keer per dag op je ademhaling en voel wat je gevoel je ingeeft. Dat is al voldoende om dichter bij je gevoel te komen.

Lees ook:
Deepak Chopra:
De zeven spirituele wetten van succes
Paulo Coelho:
De alchemist
Dalai Lama:
Open je hart
Danielle LaPorte:
Het plan van je verlangen
Johan Noorloos:
De helende beweging
Rosalina Weel:
Gelukkig zijn moet je durven

Willemien: 'Doe het nu en wacht niet "tot later".
Wie zegt je dat er een later komt voor je? Dat je het
geluk hebt tachtig jaar te worden en al je dromen te
vervullen? Leeftijd speelt geen rol, laat je niet
weerhouden om ergens voor te gaan. Ook wanneer je
jong bent kun je voor je dromen gaan en iets groots
bereiken.'

* Notities

Retreat your BODY

BODY

Je lichaam is
je tempel.
Houd het puur
en schoon voor
de ziel die
erin huist.

B.K.S. IYENGAR

> 'Lichaam en geest spelen continu op
> elkaar in en voelen zich optimaal als
> beide in harmonie zijn.'

Lichaam en geest zijn onlosmakelijk met elkaar verbonden, dat is geen geheim. Als je geest onrustig is, merk je dat direct in je lichaam. Deze twee spelen continu op elkaar in en voelen zich optimaal als beide in harmonie zijn. Dus wanneer je bloed goed doorstroomt, zuurstof goed in je spieren wordt opgenomen en afvalstoffen afgevoerd worden. Dit zorgt voor ontspannen spieren en dus een ontspannen gevoel. Helaas voelen we ons te vaak niet ontspannen en dat resulteert in verschillende lichamelijke klachten. We kennen het allemaal: gespannen spieren, pijn in nek en schouders. Veel mensen hebben last van een verkorte 'hoge' ademhaling of hoofdpijn. Of nog erger: migraine. Allesbehalve fijn en ontspannend dus. Dit zijn signalen dat je lichaam te lang onder spanning heeft gestaan en nodig toe is aan ontspanning.

De meest voor de hand liggende manier om goed voor je lichaam te zorgen is bewegen. De een gaat hardlopen of tennissen, een ander vindt het prettiger om naar yoga te gaan.
Vooral tijdens een stressvolle periode is het belangrijk om goed voor je lichaam te zorgen en de nodige ontspanning te krijgen. Je lijf heeft het nodig om stress en spanningen kwijt te raken, zodat die zich niet te veel opstapelen in je spieren met lichamelijke klachten als gevolg. Als we het heel druk hebben, zijn we vaak geneigd om te zeggen: 'Ik blijf vanavond lekker thuis.' Terwijl het juist dan zo belangrijk is om te bewegen. Je hoeft heus niet elke keer naar de sportschool of naar de tennisclub. Je kunt ook een fijne avondwandeling maken of thuis een aantal yogaoefeningen doen. Het gaat erom dat je beweegt en dat je bloed even goed gaat stromen. Vaak voel je je daarna al een stuk meer ontspannen. Bovendien slaap je daarna beter dan wanneer je op de bank ploft en de avond voor de tv doorbrengt.

Luister naar je lichaam

Wanneer je niet in balans bent, geeft je lichaam dit vaak direct aan. Dit kan zich uiten in hoofdpijn of duizeligheid, maar ook in bijvoorbeeld eczeem. Stress is vaak de belangrijkste oorzaak die ervoor zorgt dat je letterlijk niet lekker in je vel zit. Je lichaam zendt signalen uit om aan te geven dat je over je grenzen heen bent gegaan. Probeer naar de signalen van je lichaam te luisteren en negeer ze niet. Wanneer je deze signalen negeert, zul je alleen maar meer uit balans raken. En dat geeft ook direct een reactie op je geest. Je hebt maar één lichaam, wees hier lief voor. Zoek de rust op en besteed aandacht aan je lichaam. Voed het met ondersteunende voeding en maak bijvoorbeeld eens verse gemberthee voor jezelf. Plan een lekker spadagje at home waarbij je je even helemaal op jezelf en je lichaam richt.

Oefening: bodyscan

Een goede manier om te leren luisteren naar de signalen die je lichaam afgeeft, is door een bodyscan te doen. Een bodyscan is een mindfulnessmeditatie die je staand, liggend of zittend kunt doen. De bodyscan helpt je te aarden en even stil te staan bij hoe je je nu echt voelt. Je kunt hem op elk gewenst moment van de dag uitvoeren, of je nu in de rij bij de kassa staat of als afsluiting van een reeks yogaoefeningen.

Begin bij je kruin en daal heel langzaam via hoofd, nek, schouders, borst, buik, armen, billen en benen af naar je voeten. Plaats een soort licht om jezelf waarmee je daadwerkelijk je lichaam scant. Wanneer je ergens spanning voelt, sta daar dan even bij stil en probeer het zachter te maken. Je zult merken dat je je meer geaard voelt wanneer je bij je voeten aankomt.

Je kunt dit een paar keer kort op de dag uitvoeren of er echt de tijd voor nemen, zo'n 10 of 20 minuten. Vind je het fijn om een geleide bodyscan uit te voeren? Kijk dan op www.gerschurink.nl/audio.php, de website van Ger Schurink waar je gratis meditaties kunt beluisteren of downloaden.

Verwen je lichaam!

Sporten, yoga en meditatie kunnen je helpen te ontspannen. Maar het is ook heel goed om je zo nu en dan eens écht op je lichaam te richten. Hoe voelt je lichaam en waar heeft het behoefte aan? Voelt het gespannen en vermoeid? Kunnen je huid en nagels wel wat extra aandacht gebruiken? Wanneer je eigenlijk wel zin hebt in een dagje spa maar niet zo'n zin hebt om de deur uit te gaan, zorg dan dat je alles in huis hebt voor een spadagje at home.

Benodigdheden voor een spadagje at home:

* lavendelolie
* soda
* puimsteen (bijvoorbeeld van Tadé)
* scrubhandschoen
* reinigingsproducten, liefst biologisch
* grote, zachte handdoek
* badjas
* hamamdoek
* amandelolie en/of sesamolie
* nagelset
* nagellak
* gezichtsmasker

BODY

'Maak je verwendagje extra speciaal door van tevoren goede verzorgingsproducten in huis te halen. Daarmee begint de voorpret al en zo kun je je alvast verheugen op jouw moment voor jezelf.'

Geniet van de stilte in je huis of zet rustgevende muziek op en steek wat (geur)kaarsen aan. Maak je verwendagje extra speciaal door van tevoren goede verzorgingsproducten in huis te halen. Daarmee begint de voorpret al en zo kun je je alvast verheugen op jouw moment voor jezelf.

Begin met een voetenbad. Dat is heel makkelijk te maken in een teiltje. Voeg wat lavendelolie en bijvoorbeeld wat soda aan het lauwwarme water toe voor extra zachte voeten. Scrub je voeten met een puimsteen. Laat ondertussen het bad vollopen of neem na je voetenbad een verwarmende douche. Neem er de tijd voor, dit is jouw moment. Scrub je huid met een scrubhandschoen en reinig je gezicht. Gebruik fijne, natuurlijke producten. Voel hoe het water over je gezicht stroomt.

Was je haar grondig en geef jezelf daarbij een hoofdmassage door zachtjes over je hoofdhuid te wrijven.

Droog je af met een extra zachte en grote handdoek en smeer je in met een verwarmende huidolie. Als je de olie alvast verwarmt in een brandertje voor essentiële oliën, wordt het extra genieten! Giet wel vlak voor gebruik wat extra olie bij de verwarmde olie. Dan weet je zeker dat de olie niet té warm voor je huid wordt. Geef jezelf een voetmassage met sesamolie. Ook sesamolie heeft verwarmende eigenschappen.

Sla een zachte badjas of grote hamamdoek om je heen en verzorg je voeten en handen. Knip je nagels, vijl ze en lak ze in een kleur die bij je past.

Doe een masker op je gezicht en geniet zo nog even lekker met je ogen dicht van een kop thee. Met dit ritueel waan je je helemaal in de sauna of hamam in Marokko, en dat in je eigen huis!

Je huid

Het is ontzettend belangrijk om goed voor je huid te zorgen, een dagelijks ritueel voor ons allemaal. Je huid is namelijk je grootste orgaan. Dus waarom zou je wel letten op wat je eet, maar niet op wat je op je huid smeert? Via je huid kunnen namelijk schadelijke stoffen binnenkomen, zoals parabenen en andere chemicaliën die in je lekker geurende bodylotion of douchegel zitten. Ze zorgen ervoor dat een product langer houdbaar is en lekker ruikt. Er wordt zelfs een connectie gelegd tussen parabenen en kanker. Niet fijn voor je huid en lichaam dus! Heel veel mensen staan hier niet bij stil en worden misleid met termen als 'natuurlijk product' die op de flessen staan, wat vaak niet waargemaakt kan worden.

Beter is het dus om te kiezen voor producten waar geen parabenen in zitten. Probeer er daarom op te letten dat je zo puur mogelijke producten gebruikt. Kies je voor biologisch, dan zit je vaak al goed.

Droge huid

Hoewel de aangename geur van een product je vaak doet besluiten het te kopen, droogt het product je huid eerder uit dan dat het voedt. De meeste producenten spelen hier slim op in door het een luxe imago mee te

Homemade scrub

Maak voor je spadagje at home zelf deze scrub voor je huid. Je huid wordt er superzacht van! Meng 2 eetlepels rietsuiker met 4 eetlepels (vers) citroensap, rasp van 1 sinaasappel en 2 eetlepels honing. Meng goed door elkaar en breng aan op je huid. Masseer je huid met de scrub en spoel goed af.

Wanneer je ook je gezicht wilt scrubben zorg er dan voor dat je iets fijnere suiker gebruikt. De huid van je gezicht is namelijk een stuk gevoeliger dan de rest van je lichaam. Wanneer je in één keer extra veel scrub maakt dan kun je dit in een afsluitbaar glazen potje bewaren. Zo geniet je er nog wekenlang van.

BODY

'Je hoeft niet per se actief te sporten om je lichaam in beweging te krijgen. Je kunt bijvoorbeeld ook lekker een avond gaan dansen.'

geven. Hierdoor krijg je het gevoel dat het je huid voedt, maar niets is minder waar. Je verwent je huid er juist helemaal niet mee. Na het douchen heb je vaak last van een droge huid, onder andere vanwege de parfum die in douchegels, shampoos of scrubgel zit. Je kunt deze dus het beste mijden of zo min mogelijk gebruiken. Een (te) warme douche of warm bad droogt je huid ook uit. Smeer je na een douche of bad in met een voedende olie zoals amandelolie of een verwarmende sesamolie. Liefst dus zo puur mogelijk, daar wordt je huid blij van!
Wat je huid wél ten goede komt is water drinken. Hiermee voed je je huid van binnenuit. Door veel water te drinken worden afvalstoffen afgevoerd, wat je niet alleen aan de soepelheid van je huid merkt, maar ook aan die van je spieren. Je spieren worden soepeler doordat daarin de afvalstoffen niet worden opgeslagen. Dat scheelt al gauw in die vastzittende schouders! Ook vermindert dit vermoeidheid. Daarnaast is het drinken van veel water goed voor je hart. Uit een Amerikaans onderzoek is gebleken dat mensen die meer dan vijf glazen water per dag drinken veel minder kans hebben op een hartaanval dan mensen die minder dan twee glazen per dag drinken. Ook heb je minder kans op darmkanker en blaaskanker. Drink dus regelmatig een glas water. Wissel water af met wat je verder drinkt op een dag. Dan kom je vanzelf aan die vijf glazen.

Tips

Vervang je dag- en nachtcrème door (biologische) arganolie. Dit is een 100% natuurlijk product waar niets aan toegevoegd is en dat je huid optimaal verzorgt. Het is misschien wat duurder dan de crème die je gewend bent, maar je hebt er per keer ook veel minder van nodig, dus doe je er ook langer mee.
Geef jezelf 's avonds in bed voordat je gaat slapen een voetmassage met een ontspannende olie. Sesamolie bijvoorbeeld, die een kalmerende werking heeft. Hierdoor raak je uit je hoofd en kom je tot rust.
Je hoeft niet per se actief te sporten om je lichaam in beweging te krijgen. Je kunt bijvoorbeeld ook lekker een avond gaan dansen. Of zet thuis heel hard je lievelingsnummer op en beweeg alsof er niemand naar je kijkt. Laat je lekker gaan en je zult merken dat je je daarna veel meer ontspannen voelt!
Ga een dag naar de sauna. Verwen je lichaam met de warme ruimtes en koude wisselbaden. Scrub je huid onder de douche en smeer je daarna in met een fijne huidolie. Hierdoor worden afvalstoffen afgevoerd en worden je spieren soepeler. Bijkomend voordeel: je kunt de hele dag niet op je telefoon kijken. Net zo ontspannend voor je mind dus!
Begin je dag met een glas lauwwarm water met citroen. Dit verbetert je huid, bevordert je spijsvertering en werkt ontgiftend. Een goed begin van de dag dus! Drink dit vóór je eerste kopje koffie of ontbijt, zodat het citroenwater alle ruimte krijgt om zijn werk te doen en je lichaam een echte reinigingsboost te geven.

BODY

Yoga

Zelf heb ik heel veel aan yoga en het is de basis van mijn retreats. Yoga helpt mij om los te laten, te ontspannen en om in het hier en nu te zijn. Ik vind het fijn om mijn lijf in te spannen en te ontspannen tijdens yoga. Heb ik meer behoefte aan rust in mijn lijf en alles om lekker te stretchen? Dan kies ik voor een rustige les hatha of yin yoga. Als ik zin heb om even flink te bewegen en mijn bloed sneller te laten stromen dan ga ik naar een les flow of vinyasa. Een belangrijk onderdeel van yoga is de ademhaling. Tijdens yoga haal ik heel bewust adem, iets wat ik in het dagelijks leven nog wel eens vergeet, met stijve nekspieren als gevolg. Ik vind het heerlijk om mijn longen helemaal te vullen en daarbij mijn lichaam uit te rekken, waardoor ik mijn verstijfde spieren verleng en goed van zuurstof voorzie. Dit effect bereik ik al wanneer ik thuis een kwartiertje een aantal houdingen doe. Ik hoef dus ook niet per se twee keer per week naar de yogaschool, een matje in de slaapkamer is al voldoende!

In dit hoofdstuk komt een aantal simpele yogahoudingen aan bod die iedereen uit kan voeren, ook zonder enige yogaervaring. Je kunt de houdingen als serie achter elkaar doen, of als losse houding als je bijvoorbeeld je lichaam wilt ontspannen wanneer je naar bed gaat. Zo slaap je goed en word je de volgende dag heerlijk uitgerust wakker.

Yoga by Kyra

'Yoga betekent "samenbrengen" of "verenigen". Het koppelen van adem en beweging, het in lijn brengen van lichaam, geest en ziel en het bewust zijn van het feit dat alles met elkaar verbonden is. Alles wat je doet heeft een effect, soms zichtbaar, soms onzichtbaar. Yoga maakt je lichaam sterk en gezond zodat ook geest en ziel sterk en gezond kunnen zijn. Het leert je niet alleen te vertrouwen op dat wat je ziet maar ook op je gevoel, dat wat onzichtbaar is. Het doet je fysiek en mentaal retreaten en brengt je van gespannen, overweldigd, onzeker of gestrest naar een staat van stilte, observatie en luisteren. Yoga helpt je terug te trekken naar je basis, je kern, je essentie: JEZELF. Yoga helpt je beter keuzes te maken.
Je kiest bijvoorbeeld, vanuit gevoel in plaats van concrete boeken, het eten dat jou voedt en ondersteunt. Je kiest ervoor vanuit gevoel in plaats van ratio of goedbedoelde adviezen, een relatie te beëindigen. Je kiest ervoor een bepaalde yogaoefening, ondanks de tips van de yogadocente, over te slaan omdat die je alleen maar pijn en stress oplevert. Je bent zo goed in contact met jezelf dat je naar aanleiding van fysieke signalen, onderbuikgevoel en heldere observaties de juiste beslissing kunt nemen.
Die wetenschap maakt dat je zonder angst en met gemak kunt leven. Je kunt alles aan. Het "enige" wat je daarvoor moet doen, is het doen. Net als dat je dagelijks je tanden poetst, zo zou je elke dag een korte (15 minuten is al fantastisch!) yogasessie moeten inplannen. Die dagelijkse beoefening herstelt het contact met jezelf en brengt je, mocht je per ongeluk afgedreven zijn, steeds weer terug naar je basis.'
KYRA DE VREEZE

BODY

Yoga leert ons
te genezen wat je
niet hoeft te verdragen
en te verdragen
wat je niet
kunt genezen.

B.K.S. IYENGAR

6 yogahoudingen

Om te ontspannen.

De gebroken kaars
(Viparita Karani)

Verlicht rugpijn en ontspant de benen.
Goed voor het slapengaan
en om de dag los te laten.

Zorg dat je een dekentje of kussen in de buurt hebt.

Ga met je zij tegen de muur zitten, met je knieën opgetrokken.

Draai je rug haaks op de muur terwijl je je benen omhoog
de lucht in strekt.

Schuif je billen tegen de muur aan en plaats indien nodig een dekentje
of kussen onder je heupen voor meer ondersteuning.

Ontspan je schouders, strek je kruin weg (alsof er een touwtje
aan je hoofd trekt) waardoor je kin iets naar je borst zakt en
je ruggengraat één rechte lijn wordt.

Leg je armen ontspannen naast je neer met je handpalmen omhoog.
Ontspan je gezicht.

Adem rustig in en uit en voel je adem langs je ruggengraat
naar je onderbuik glijden.

Blijf 5 tot 10 minuten in deze houding.

Kom uit de houding door je knieën te buigen en voorzichtig
op je zij te rollen.

De liggende vlinder
(Supta Baddha Konasana)

Ontspant de geest
en verlicht pijn in de onderrug.

Zorg dat je een dekentje of kussen in de buurt hebt.

Ga lekker liggen met je armen ontspannen naast je;
je handpalmen wijzen omhoog.

Trek je knieën op, maar laat je voetzolen
op de grond.

Plaats je voetzolen tegen elkaar en laat je knieën
langzaam uit elkaar vallen.
Leg eventueel een dekentje of kussen onder je onderrug
ter ondersteuning. Of onder beide knieën als je knieën
de grond niet raken.

Ontspan je benen en gezicht, adem langzaam in en uit.

Blijf 5 minuten in deze houding liggen,
terwijl je steeds meer ontspant.

Om te ontspannen.

Om te ontspannen.

De yin square-houding

```
Ontspant je rug
en laat je bij jezelf komen.
```

Ga in kleermakerszit zitten met je benen zo dicht mogelijk tegen je aan.

Plaats je handen voor je op de grond.

Haal diep adem en terwijl je uitademt laat je je hoofd rustig zakken.
Je handen schuiven iets verder naar voren. Laat jezelf zakken zover
je kunt, maar forceer niets. Je rug mag rond worden.

Ontspan je gezicht, schouders, rug en armen.

Haal langzaam diep adem en laat je adem langs je ruggengraat lopen
tot aan je stuitje.

Probeer bij een uitademing nog iets verder te zakken en je handen
nog iets meer naar voren te schuiven.

Blijf 3 tot 5 minuten in deze houding zitten en laat alle spanning los.

Je zult merken dat je na 3 tot 5 minuten veel verder gezakt bent
en je rug meer ontspannen is.

De kindhouding
(Balasana)

Voor de totale ontspanning
en geeft een veilig gevoel.

Kom op handen en knieën zitten en maak je rug recht.
Je voeten liggen plat op de vloer.

Laat je knieën schuin naar voren wijzen, over de breedte van de mat.

Leg je voeten bij elkaar, zodat er een soort driehoek ontstaat.

Zak met je billen naar achteren richting je hielen, en leg je voorhoofd
zachtjes op de grond. Laat je buik en borst tussen je benen rusten.

Leg je armen ontspannen naast je, richting je voeten.
Houd je handpalmen omhoog.

Je kunt ook je armen naar voren leggen met je handpalmen
op de grond. Dit geeft meer stretch en meer ruimte in je longen.

Blijf nog even stil, adem langzaam en diep en observeer of er iets
veranderd is na het uitvoeren van de houding.

Blijf zo liggen zo lang je wilt en kom dan weer rustig omhoog.

Deze houding kun je te allen tijde uitvoeren na iedere andere houding. Het is een basishouding waarnaar je altijd terug kunt keren om bij jezelf te komen.

Om wakker & actief te worden.

De kat-koehouding
(Marjariasana/Bidalasana)

Maakt je rug soepel en geeft lucht.
Fijn om mee wakker te worden.

Kom op handen en knieën zitten en maak je rug recht.

Plaats je knieën recht onder je heupen en je handen recht onder je schouders. Je voeten liggen met de wreef plat op de grond.

Adem diep in, breng je kin naar voren en omhoog, maak je rug hol.
Kijk omhoog.

Adem langzaam uit, breng je kin omlaag richting je borst.
Trek tegelijkertijd je rug bol, kijk naar je navel.

Maak er één vloeiende beweging van, afgestemd op je ademhaling.

Doe dit tien keer en vul je longen iedere keer helemaal met lucht.

De cobra

(Bhujangasana)

Versterkt de rug en opent je borst.

Ga plat op je buik liggen met je voorhoofd op de grond.
Je handen plaats je op schouderbreedte vlak onder de schouderkoppen,
je ellebogen raken je zij.

Plaats je voeten en benen op heupbreedte uit elkaar,
je voeten liggen met de wreef plat op de grond.

Plaats je handen onder je schouders, houd je ellebogen strak
tegen je lichaam gedrukt.

Adem een keer goed in en uit en ontspan. Breng op een inademing
je hoofd omhoog en strek je armen zodat je omhoogkomt.

Buig je ellebogen licht, zodat je deze niet overstrekt.
Vind de juiste hoogte waarin je nog diep en vol kunt ademen.

Kijk hoe ver je je armen kunt strekken en let hierbij goed op je
onderrug. Indien die te gevoelig is, houd dan je armen iets gebogen.

Houd je schouders laag en open je borst.

Adem een paar keer langzaam diep in en uit.

Kom op een uitademing langzaam en met aandacht weer omlaag
en leg je voorhoofd op de grond.

Plaats eventueel je handpalmen over elkaar op de grond
zodat je voorhoofd op de ruggen van je handen rust. Voel na.

Deze houding kun je direct na de Kat-Koehouding doen.

Om te versterken.

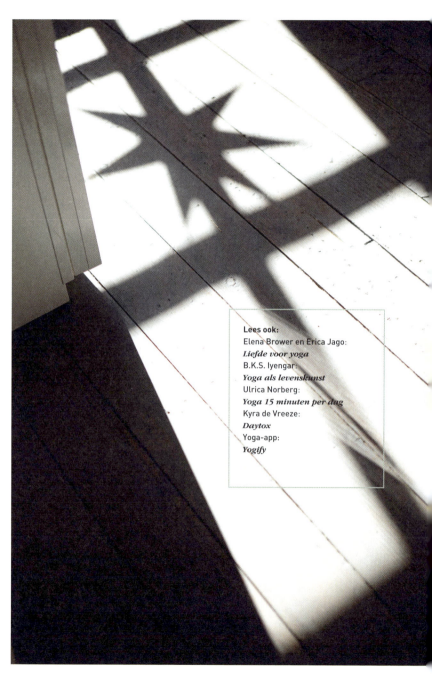

Lees ook:
Elena Brower en Erica Jago:
Liefde voor yoga
B.K.S. Iyengar:
Yoga als levenskunst
Ulrica Norberg:
Yoga 15 minuten per dag
Kyra de Vreeze:
Daytox
Yoga-app:
Yogify

De dag sluit ik
in alle rust af met
ontspannende yogahoudingen.
Zo verwerk ik de dag
en kan ik opgebouwde
spanningen loslaten
waardoor ik lekker
kan slapen...

WILLEMIEN

* Notities

Retreat your FOOD

FOOD

Het meest
geheime
ingediënt
is liefde...

WILLEMIEN

'Er bestaat een groot verschil tussen jezelf vullen en jezelf voeden.'

Gezonde voeding heeft, in combinatie met een gezonde levensstijl, veel positieve effecten op zowel lichaam als geest. We hebben massaal last van vermoeidheid, slapeloosheid, onrust in ons lijf. Vaak wijten we dit aan ons stressvolle bestaan, dat er ook zeker een oorzaak van is. Maar men heeft vaak niet in de gaten dat dit ook heel goed te maken zou kunnen hebben met de hoeveelheid koolhydraten, kant-en-klaarmaaltijden en frisdrank die we op een dag nuttigen. Allemaal bewerkte producten waar nauwelijks goede, volwaardige voedingsstoffen in zitten.

Jezelf voeden

Vanwege overvolle agenda's, drukke banen en hectische gezinslevens nemen veel mensen nauwelijks echt de tijd om goed te eten, waardoor we te vaak kiezen voor voorgesneden groenten die een deel van hun vitamines al verloren hebben, magnetronmaaltijden, zoete mueslirepen en eten dat uit pakjes en zakjes komt. Ik omschrijf dat als *vullen*. Want er bestaat een groot verschil tussen jezelf vullen en jezelf *voeden*. We zijn namelijk meer bezig met 'makkelijk' eten dat ons niet te veel tijd kost om klaar te maken en op te eten. En dan zijn al die snelle producten wel heel handig en tijdsbesparend. Helaas heeft dit eten zonder dat we het direct in de gaten hebben veel invloed op ons, en dan niet in positieve zin. Denk bijvoorbeeld aan het overgewicht waar steeds meer mensen mee kampen. Of de bekende energiedips gedurende de dag. Juist op die momenten wil je wel eens naar een ongezonde snack grijpen, terwijl deze je vermoeidheid alleen maar vergroot. Je kunt dan beter een handje noten eten of een zelfgemaakte smoothie drinken. Dat heeft een veel beter effect en zorgt niet voor te grote energiedips.

Gezond eten is eten dat ons lichaam kan verteren en gebruiken. Gezond eten is dus eten dat zo min mogelijk bewerkt is. Een zelfgemaakte maaltijd van pure ingrediënten zonder toevoegingen van E-nummers en bestrijdingsmiddelen, maar met ingrediënten die

Willemien: 'Jarenlang voelde ik me voortdurend vermoeid en lusteloos. Ik had weinig energie en een wattig gevoel in mijn hoofd. Ik heb lang gedacht dat het kwam doordat ik slecht sliep. Wat ik tot die tijd niet in de gaten had, is dat ik bijna alleen maar dingen at die omgezet werden in snelle suikers en dat veroorzaakte die energiedips met de bijbehorende vermoeidheid. Dat wattenhoofd werd niet veroorzaakt doordat ik slecht sliep, maar door wat ik at! En ik sliep misschien wel niet goed doordat mijn eetpatroon niet gezond was.

De afgelopen jaren ben ik me steeds meer gaan verdiepen in natuurvoeding. Pure voeding in zijn oorspronkelijke vorm, onbewerkt en zonder chemische toevoegingen. Door hier verschillende boeken en blogs over te lezen, met mensen om me heen te praten en workshops te volgen kwam ik er steeds meer achter welke invloed voeding op je heeft. Mijn ongezonde ontbijt van broodjes met chocopasta verving ik door havermout, ik maakte lekkere smoothies voor tussendoor en experimenteerde met allerlei granen en peulvruchten voor mijn avondmaaltijd. Frisdrank en snoep liet ik links liggen, waardoor ik er ook steeds minder behoefte aan kreeg. Al heel gauw merkte ik dat ik veel meer energie had en dat ik tussendoor helemaal geen trek meer kreeg in iets zoetigs. Maar het belangrijkste was dat ik me de hele dag veel verzadigder en fitter voelde. En ik heb sindsdien geen last meer van mijn wattenhoofd!'

FOOD

met aandacht en liefde verbouwd en gekookt zijn. Het is aan jou om te bepalen of daar een stukje vis bij hoort of niet. En je bepaalt zelf of je biologische grasboter gebruikt of liever iets anders. Ga je voor gezond? Kies dan voor puur, onbewerkt en zelfgemaakt en luister naar je lichaam.

Wanneer je een aantal tips uit dit hoofdstuk toepast en daarmee dus je voedingspatroon aanpast, zul je merken dat je je veel energieker en prettiger voelt. *Hello happy life, bye bye* energiedips!

Wat past bij jóú?

Voeding kan helpen je in balans te brengen, maar alleen wanneer die ook echt bij jou past. Wat voor de een fijn is, hoeft voor de ander helemaal niet te werken. Iedereen is anders en iedereen heeft ook qua voeding iets anders nodig. Eet dus niet iedere ochtend met tegenzin die havermoutpap omdat het zogenaamd zo goed voor je is. Als dit voor jou een te zwaar ontbijt is, probeer dan iets wat voor jou wel werkt. Bijvoorbeeld een smoothie of een fruitsalade. Voel wat het beste bij jou past en waar jouw lichaam het beste op reageert. Probeer uit wat jou energie geeft en pas je maaltijden daarop aan. Zie het dan ook niet als een dieet dat je vol moet houden, maar als iets wat je blijvend in je voedingspatroon kunt aanpassen waardoor je je ook op lange termijn goed blijft voelen.

Gooi niet alles in één keer om

Het is niet een dieet dat je een tijdje gaat volgen, maar een aanpassing van je gehele levensstijl. Probeer je voedingspatroon geleidelijk aan te passen. Begin bijvoorbeeld met het vervangen van je huidige ontbijt door een volwaardig ontbijt (zie pagina 93) en kijk hoe je je die dag voelt. Merk wat het met je doet. Breid je nieuwe patroon vervolgens langzaam uit naar je lunch, diner en tussendoortjes.

Dit geldt ook voor het vervangen van producten. Je hoeft niet de hele inhoud van je keukenkastjes weg te gooien en direct te vervangen door verantwoorde producten. Maar begin eens door geraffineerde suiker te vervangen door ahornsiroop of rijststroop. Of koop voortaan volwaardige producten zoals roomboter, avocado's of zilvervliesrijst. Het is de bedoeling dat je je beter gaat voelen! Dus wees niet te streng voor jezelf. Je kunt heus nog wel eens een taartje eten als je daar zin in hebt.

Drink en eet bewust zonder je schuldig te voelen.

Tips

Vervang je supermarktbrood eens door een zuurdesembrood van de ambachtelijke bakker. Beleg je boterham met avocado en een goede olijfolie. Maak een lekkere salade voor je lunch. Drink 's middags in plaats van je zoveelste kop koffie of frisdrank een lekkere (zelfgemaakte) smoothie. Koop zilvervliesrijst in plaats van witte rijst. En pasta kun je vervangen door de volkoren variant. Eet lekker veel groente en voeg noten en zaden toe aan je maaltijden.

Food by Kyra

'Volwaardige producten
Wat zijn dan precies volwaardige producten en wat kan ik waardoor vervangen?
Volwaardige producten hebben een minimale bewerking gehad. Door deze minimale bewerking is de (voedings-) waarde van het ingrediënt hoog gebleven. Ook brood, pasta, beleg en alle andere producten en ingrediënten die je gebruikt, kunnen volwaardig of onvolwaardig zijn. Hoe puurder en minder bewerkt, hoe volwaardiger je eten.

Suiker
Alle koolhydraten zoals brood, crackers, zoete aardappel, wortel, fruit en ook rijst zijn in essentie suikers. Dat betekent niet meteen dat ze ongezond zijn. Suiker is dat waar we energie van krijgen, waar we op 'draaien'. De hersenen hebben suiker nodig om optimaal te kunnen functioneren en wij hebben het dus nodig om gezond en gelukkig te zijn. Maar we moeten wel voor de *juiste* suikers en koolhydraten kiezen: diegene die ons energie geven zonder voor de pieken en de dalen te zorgen. De vezels die een onbewerkt product bevat, beschermen je tegen deze pieken en dalen. Ze brengen balans en geven een gelijkmatige dosis energie omdat ze langzaam worden opgenomen. Hierdoor kom je niet alleen lichamelijk in balans, ook je emoties en je gemoedstoestand worden gelijkmatiger. Je voelt je rustiger, tevredener, helderder, gelukkiger en vriendelijker.'
KYRA DE VREEZE

FOOD

'Probeer eens een weekend geen koffie te drinken of suikers te eten. Wat doet het met je?'

Oefeningen

Probeer het bereiden van je voedsel een onderdeel van je ontspanning te maken. Bijvoorbeeld door na je werk niet een zak voorgesneden groente in de pan te gooien, maar door de groente zelf te snijden. Maak er een meditatief moment van door dit met aandacht te doen. Bedenk je dat je zo meteen van een volwaardige maaltijd gaat genieten die je lichaam voedt en die je energie geeft. Je zult merken dat je vanzelf meer plezier krijgt in koken!

Probeer eens een weekend geen koffie te drinken of suikers te eten. Wat doet het met je als je een weekend geen koffie drinkt of geen suikers eet? Hoe reageert je lichaam hierop? Krijg je hoofdpijn of vind je het moeilijk niet naar die zak snoep te grijpen? Probeer hier open naar te kijken en de signalen van je lichaam te erkennen. Mocht je er veel last van krijgen doordat je bijvoorbeeld hoofdpijn krijgt of je niet lekker voelt, dan merk je wat deze suikers en bijvoorbeeld koffie met je lichaam doen. Hoe heftiger de reactie van je lichaam, hoe duidelijker het signaal dat je er normaal gesproken te veel van inneemt. Grote kans dus dat dit je gemoedstoestand ongemerkt beïnvloedt en dat je je beter zult voelen wanneer je mindert. Voel wat het met je doet en probeer het in je dagelijkse patronen aan te passen.

FOOD

Recepten

Willemien: 'Ik eet al bijna twintig jaar geen vlees, dat is voor mij nu helemaal vanzelfsprekend. Vandaar dat de recepten in dit hoofdstuk vegetarisch zijn. Ook tijdens mijn retreats maak ik uitsluitend vegetarische maaltijden. Ik maak wel af en toe een uitzondering: ik eet soms een visje, maar dan wel vers en duurzaam, bijvoorbeeld direct uit de zee wanneer ik op Ibiza ben. Met de volgende recepten kun je een volwaardig menu maken.'

ONTBIJT

Homemade granola

Verwarm de oven voor tot 150°C. Meng in een grote ovenschaal 500 gram **havervlokken** met 60 gram **zonnebloempitten**, 60 gram **pompoenpitten**, 30 gram **sesamzaad**, 30 gram **lijnzaad** en 2 flinke eetlepels **gemalen kaneel**. Roer door elkaar zodat de kaneel goed verdeeld wordt. Verwarm 75 gram **kokosolie** in een steelpannetje totdat deze geheel gesmolten is. Laat het niet té warm worden. Giet gelijkmatig over het havervlokken-zadenmengsel. Giet er vervolgens 75 gram **ahornsiroop** overheen en meng alles goed met een lepel totdat alle droge ingrediënten een beetje glanzen.

Zet de ovenschaal in de oven en roer iedere 15 minuten goed door. Voeg na 35 minuten 100 gram **gemengde noten** toe en laat nog 10 minuten in de oven staan.
Haal de schaal uit de oven en voeg naar keuze **rozijnen,** in kleine stukjes gehakte **dadels** of **vijgen** toe. Bewaar in een afsluitbare pot. De granola is zo tot twee maanden houdbaar.
Serveer de granola met (geiten)yoghurt of plantaardige melk en schep er wat vers fruit zoals blauwe bessen of stukjes appel bovenop. Maak af met fijngehakte pure chocolade en wat geroosterde walnoten.

Havermout met appel en kaneel

Meng 200 ml **amandelmelk** of andere plantaardige melk naar keuze met 40 gram **havermout**, een klein handje **rozijnen**, een flinke eetlepel **zonnebloempitten**, een flinke eetlepel **kokosrasp**, een snuf **kaneel**, een kwart **appel** in kleine stukjes en laat 5 minuten zachtjes koken. Roer regelmatig. Voeg op het laatst een klein scheutje ahornsiroop toe en eventueel nog wat melk mocht je de pap iets dunner willen maken. Even goed doorroeren en dan in een kom schenken.

Chocolade ontbijtsmoothie met havervlokken

Meng voordat je naar bed gaat 40 gram **havervlokken** met een beetje **amandelrijstmelk** en laat dit 's nachts weken in de koelkast. Zorg dat de havervlokken net onder staan.

Meng 's morgens 200 ml **amandel-rijstmelk**, 1 kleine **banaan**, een snufje **kaneel**, 5 **walnoten**, 1 eetlepel **rauwe cacao** en een scheutje **ahornsiroop** of een **dadel** in een blender. Laat de blender 1 minuut draaien. Voeg als laatste rasp van een halve **sinaasappel**, 2 theelepels **rauwe cacao nibs** en de **geweekte havervlokken** toe. Laat de blender nog een halve minuut draaien. Schenk in een mooi hoog glas en geniet van je ontbijt. Ook heel handig voor onderweg in een toffe smoothiebeker!

SMOOTHIETIP
Wil je wat variatie in je ontbijtsmoothie aanbrengen? Vervang de sinaasappelrasp dan eens door een eetlepel pindakaas. Of vervang de geweekte havervlokken door een halve avocado. Ook heerlijk als middagsnack!

SOEPEN

Zoete aardappel-rode linzen-kokossoep
VOOR 4 PERSONEN

Snijd 1 grote **rode ui** grof en hak 2 teentjes **knoflook** en 2 cm **verse gember** fijn. Fruit dit op zacht vuur in een flinke eetlepel **kokosolie**. Schil ondertussen 400 gram **zoete aardappel** en 1 grote **wortel** en snijd ze in stukken van 2 bij 2 cm.
Voeg na 5 minuten een halve theelepel **kurkuma**, een halve theelepel **chilipoeder**, 1 theelepel **kaneel** en 1 theelepel **komijnpoeder** bij het uienmengsel. Roer goed door zodat de kruiden goed vermengd worden.
Voeg de zoete aardappel, de wortel en 100 gram **rode linzen** toe en meng alles.
Voeg 750 ml **water** toe en eventueel een groentebouillonblokje. Indien je dit liever niet gebruikt voeg dan later extra peper en zout toe.
Laat 20 minuten zachtjes koken met de deksel op de pan. Na 20 minuten voeg je 400 ml **kokosmelk** en 1 eetlepel **vers citroensap** toe en laat je alles nog 5 minuten koken.
Mix alles met een staafmixer tot een gladde soep. Voeg eventueel wat water toe tot de gewenste dikte. Breng de soep op smaak met **peper** en **zout**.
Schep in kommen en maak af met een beetje **geroosterd sesamzaad** en eventueel wat **fijngehakte koriander**.

Rode bieten-appelsoep
2 GROTE PORTIES ALS MAALTIJD OF 4 ALS VOORGERECHT

Schil 500 gram **rode bieten** en snijd ze in kleine blokjes van ongeveer 1 bij 1 cm.
Schil een gemiddeld grote **Elstar-appel** en snijd deze ook in blokjes van 1 bij 1 cm.
Voeg samen in een kom en zet apart.
Snijd een grote **rode ui** grof en 2 tenen **knoflook** fijn. Verhit een flinke **eetlepel kokosolie** (of olijfolie) in een pan en fruit hierin zachtjes de ui gedurende 5 minuten.
Voeg de knoflook toe en bak 2 minuten mee.
Voeg hieraan 1 theelepel **gemalen komijnzaad** toe en roer goed door zodat je het kruid goed gaat ruiken. Voeg de rode biet en appel toe en roer goed door. Voeg 700 ml **water** toe en eventueel een groentebouillonblokje.
Indien je dit liever niet gebruikt voeg dan later extra peper en zout toe.
Laat zachtjes koken met de deksel op de pan. Voeg op het einde 2 eetlepels **balsamicoazijn** toe en prik met een vork in de biet om te kijken of deze zacht genoeg is.
Mix alles met een staafmixer tot een gladde soep. Voeg eventueel wat water toe tot de gewenste dikte. Breng de soep op smaak met **peper** en **zout**.
Schep in kommen en voeg een klein beetje **crème fraiche** toe. Bestrooi met wat **zwart sesamzaad** en blaadjes **verse tijm**.

Rode bieten-appelsoep

Babyspinaziesalade

LUNCH & DINER

Babyspinaziesalade met linzen, rode ui, dadels, geroosterde noten en geitenkaas
VOOR 2 PERSONEN

Spoel 70 gram **duPuy-linzen** en kook ze 15 minuten. Proef of ze gaar zijn (ze moeten nog wel een beetje lekkere bite hebben) en giet af onder koud water zodat ze niet verder garen. Zet opzij.
Rooster 75 gram **geblancheerde witte amandelen** en hak grof. Zet opzij.
Meng in een schaal 100 gram **fijne of babyspinazie** met 1 kleine **fijngesneden rode ui** en de afgekoelde linzen. Snijd 100 gram **dadels** zonder pit in vieren en een halve **avocado** in stukjes en voeg bij de rest van de salade.
Voor de dressing meng je 4 eetlepels **olijfolie** met 2 eetlepels **appelazijn**, anderhalve eetlepel **ahornsiroop**, een halve eetlepel **limoensap** en een beetje **peper** en **zout**. Meng de dressing door de salade. Verkruimel 100 gram **zachte geitenkaas** eroverheen en breng op smaak met zout en peper.

Rode bieten-bulgursalade
VOOR 2 PERSONEN

Was 400 gram **rode bieten** en breng aan de kook.
Kook ondertussen 160 gram **bulgur** met 380 ml **water** gedurende 8 minuten totdat het water is opgenomen. Draai het vuur uit en laat nog 10 minuten met de deksel op de pan staan. Je kunt de bulgur ook vervangen door **couscous** of gebruik **quinoa** voor een glutenvrije variant.
Week 100 gram **rozijnen** in een schaaltje water. Laat een halfuur staan. Snijd ondertussen 1 kleine **rode ui** heel fijn en laat 15 minuten in een schaaltje marineren met 3 eetlepels **balsamicoazijn**.
Prik na 50 minuten met een scherp mes in de bieten om te kijken of ze zacht genoeg zijn. Je moet er makkelijk in kunnen prikken. Wanneer de bieten gaar zijn spoel je ze af en pel je de schil eraf. Snijd ze in blokjes van 1 bij 1 cm en voeg ze samen met de bulgur in een grote schaal. Meng net zo lang tot alle bulgur de kleur van de bieten heeft.
Meng 4 eetlepels **olijfolie** met 2 eetlepels **balsamicoazijn** en 1 eetlepel **ahornsiroop** of honing tot een dressing.
Spoel de rozijnen af en schep de gemarineerde rode ui uit het schaaltje (zonder de balsamicoazijn dus) en meng beide door de bulgur en bieten. Schenk de dressing eroverheen en meng alles goed. Breng op smaak met **zout** en **peper**.
Hak 75 gram **walnoten** grof en meng door de salade. Voeg **granaatappelpitjes** van een halve granaatappel toe en maak af met 100 gram **fijn gekruimelde fetakaas**.

TUSSENDOORTJE

Gezonde warme chocolademelk

Verwarm de inhoud van een mok **amandel-rijstmelk.**
Meng dit met een eetlepel (ongezoete of rauwe) **cacao**, een snuf **kaneel** en een scheutje **ahornsiroop**. Simpel maar zo *delicious*!

Tip: in de zomer maak je van ditzelfde recept een heerlijk verkoelende milkshake door een halve **bevroren banaan** toe te voegen en eventueel een ijsklontje.

Lees ook:
Rineke Dijkinga:
Weten van (h)eerlijk eten
David Frenkiel en Luise Vindahl:
The Green Kitchen
David Frenkiel en Luise Vindahl:
Green Kitchen Travels
Rens Kroes:
Powerfood
Sarah Britton:
My New Roots
Gwyneth Paltrow en Julia Turshen:
(H)eerlijk
Kyra de Vreeze:
Kyra's Kitchen

* Notities

Retreat your HOME

HOME

Home
is where
the heart
is.

Vaak hebben we het idee dat we ergens heen moeten om bij te komen en rust te vinden. Hierdoor plannen we vaak weekendjes of dagjes weg, terwijl het heerlijk is om thuis op te laden, in je eigen omgeving. Vind daarom om te beginnen de rust om thuis te kunnen zijn. Mensen hebben vaak de neiging om hun agenda's vol te plannen om maar niet thuis te hoeven zijn. Maar wat is nu een fijnere plek om echt tot rust te komen dan je eigen huis?

Bewust thuis

We zijn zo geneigd om thuis alles op de automatische piloot te doen, dat we vaak vergeten te genieten van wat we aan het doen zijn. Vertraag je ritme eens. Een simpel voorbeeld daarvan is de manier waarop we ons eten klaarmaken en opeten. Vaak kiezen we voor makkelijk en snel door iets in de oven te schuiven en het op de bank voor de tv op te eten. Tuurlijk, dat kan heerlijk zijn en er is in principe niets mis mee. Zo nu en dan. Het is echter verstandig om regelmatig bewust de tijd te nemen om aan tafel te eten. Hecht niet alleen waarde aan de heerlijke maaltijd die je klaarmaakt, maar besteed vervolgens ook aandacht aan hoe je je bord opmaakt. Dek de tafel mooi, zet een vaas met verse bloemen op tafel en steek wat kaarsen aan. Op die manier beleef je je maaltijd veel intenser en geniet je er nog meer van. Alsof je uit eten gaat in je eigen huis!

Pas deze vertraging van je ritme, met aandacht, ook eens toe op je andere dagelijkse bezigheden. Wanneer je een douche of bad neemt, voel dan het warme water over je huid stromen. Plan een dagje spa at home om jezelf te verwennen. Kies voor mooie badkameraccessoires en fijne verzorgingsproducten. Hierdoor krijg je het gevoel alsof je echt in de sauna bent.

HOME

'Steek wat kaarsen aan en eventueel wat wierook. Trek een joggingbroek, een warme trui en een paar dikke sokken of sloffen aan. Daarmee kan het cocoonen beginnen!'

Creëer een plek voor jezelf

Om je helemaal over te kunnen geven aan je retreat is een eigen plek in huis ideaal. Creëer een plek waar je je even helemaal terug kunt trekken, bijvoorbeeld om te mediteren, yoga te doen, een boek te lezen of na te denken. Het hoeft niet meteen een hele kamer te zijn, een onderdeel van een bestaande ruimte volstaat. Zet ergens een lekkere stoel of fauteuil neer waarin je je met een dekentje en een goed boek kunt nestelen. Maak ook een hoekje met persoonlijke spullen; dit kan als een soort altaar dienen. Denk aan edelstenen, inspirerende kaarten of teksten, wierook, foto's, beeldjes of elementen uit de natuur zoals mooie stenen die je ergens gevonden hebt. Alles wat eraan bijdraagt om jouw plekje echt persoonlijk te maken. Zorg dat je ruimte hebt voor je yogamat zodat je wat houdingen kunt doen of kunt mediteren. Dit kan midden in een kamer, maar je kunt je yogamat ook uitrollen naast je bed of bank. Maak hier een vast ritueel van zodat die plek automatisch de juiste energie aanneemt.

Breng elementen van je reizen in je huis

Haal naar binnen wat je zo vaak buitenshuis zoekt. We nemen allemaal wel eens een souvenir mee naar huis: een poef uit Marokko, een vaas uit Griekenland, een hangmat uit Bali, een schilderij uit Afrika, een kussen of deken uit Zuid-Amerika... Koop ansichtkaarten die je thuis in een lijstje kunt neerzetten of ophangen. Niet alles hoeft exotisch of heel bijzonder te zijn: verzamel kleinere elementen uit de natuur zoals stenen, schelpen, veren of bloemen. Je kunt gedroogde bladeren of bloemen prachtig inlijsten! Je zult merken dat elke keer wanneer je naar dat voorwerp kijkt, of lekker onder die deken uit Zuid-Amerika kruipt, je direct weer even op die plek bent. Meteen zul je dat ontspannen gevoel van je herinnering ervaren.

Cocoonen

Cocoonen: je binnenshuis terugtrekken om te ontspannen. Het is heel fijn om dat eens in de zoveel tijd voor jezelf in te plannen en je daarop te verheugen! Koop van tevoren een leuk tijdschrift of een mooi boek. Zorg dat je woonkamer opgeruimd is en zet een mooie bos bloemen neer. Steek wat kaarsen aan en eventueel wat wierook. Trek een joggingbroek, een warme trui en een paar dikke sokken of sloffen aan. Daarmee kan het cocoonen beginnen! Zet een kop thee of maak warme chocolademelk (zie recept pagina 100) voor jezelf en kruip onder een dekentje op de bank. Lees wat, kijk een film of schrijf je gedachten op in een dagboek. Maak een wensenlijst van wat je de komende maanden nog zou willen doen. Computer en tablet zijn uit en je telefoon staat op stil of helemaal uit. Zo kan niemand je storen tijdens jouw cocoonmoment. Geniet van het moment en het feit dat je lekker thuis bent. Cocoonen staat voor de ultieme me-time!

Verwen jezelf zo nu en dan met iets waar je echt naar uit kunt kijken wanneer je thuiskomt. Bak bijvoorbeeld je lievelingscake of

HOME

-koekjes waarvan je een aantal dagen kunt genieten. Op die manier maak je het extra fijn om thuis te komen en te zijn.

Ruim op
Een vol huis met rommel en stapels post die nog liggen te wachten, zorgt ook voor onrust in je hoofd. Ongemerkt stoor je je eraan en het zorgt voor een slechtere energie in je huis. Koop bijvoorbeeld opbergdozen of ordners om alles in op te bergen. Bevestig een plank aan de muur waarop je je favoriete (kook)boeken neerzet. Maak met simpele oplossingen het functionele een inspirerend onderdeel van je interieur! Ga eens na welke spullen je nu werkelijk nodig hebt in je huis en stop alles wat je niet meer gebruikt in een grote doos of vuilniszak. Je kunt dit naar een kringloopwinkel brengen, of misschien maak je er wel een buurvrouw of vriendin blij mee. Win-winsituatie!

Lekker buiten
Maak ook van je tuin of balkon een fijne plek. Dan pas kun je optimaal genieten van hoe heerlijk het is om buiten te zijn en de frisse lucht in te ademen! Hang een hangmat op of zet een relaxte stoel neer met een fleecedeken voor als het fris is. Of leg kussens of een zitzak neer om lekker in weg te zakken. Kijk wat voor jou nodig is om te kunnen relaxen. Zorg voor gezellige accessoires op je tuintafel, waar je bij mooi weer aan kunt zitten. Verzamel terracotta bloempotten in verschillende soorten en maten met mediterrane planten. Alsof je in een tuin in Zuid-Europa zit! Maak een bak waarin je groenten en kruiden kunt kweken. Zet voor sfeervolle avonden lantaarns of fakkels neer. Creëer de ambiance van jouw favoriete vakantiebestemming in je eigen achtertuin.

Met de tips uit dit hoofdstuk kun je van je thuis een fijne basis maken om over je leven na te denken. Je kunt terugbladeren in dit boek en aan de slag gaan met het deel waar je op dat moment behoefte aan hebt. Je zult merken dat het een proces is dat jaren kan duren. Het ene moment wil je je wat meer verdiepen in de yogahoudingen of een recept uitproberen. Een ander moment heb je behoefte om het hoofdstuk 'Retreat your HEART' terug te lezen om een nieuwe keuze voor jezelf te maken. Volg hierin je eigen tempo, niet alles hoeft en lukt in één keer. Ik hoop dat je aan de hand van dit boek uiteindelijk steeds meer jezelf wordt. En dat in je eigen, veilige omgeving: jouw THUIS.

Lees ook:
Dottie Angel en Ted en Agnes:
Vintage thuis
Holly Becker en Leslie Shewrin:
Bloemen in huis
Charlotte Hedeman Guéniau:
Happy huis
Alys Fowler:
De eetbare tuin
Ashlyn Gibson:
Kleur in huis
Selina Lake:
Thuis je eigen stijl
Barbara en René Stoeltie:
Living in Morocco

Tips

Willemien: 'Ik vind het heel prettig om regelmatig thuis te zijn. Daar plan ik tegenwoordig ook bewust tijd voor in. Vroeger had ik de neiging om veel van huis te zijn; een etentje hier, een afspraak daar. Maar dat zorgde eigenlijk alleen maar voor onrust. Het is zonde dat we zo vaak het idee hebben dat we weg van huis moeten om te kunnen ontspannen. Vandaar dat onze agenda's vol staan met "leuke dingen".

Met een achtergrond als interieurarchitect en stylist weet ik als geen ander hoe belangrijk een fijne thuisbasis is, een plek waar je je prettig voelt en waarin je kunt ontspannen. Je thuis is je BASIS.

Vandaaruit onderneem je alles wat je doet in je leven. Het is de plek waar je jezelf kunt zijn, waar je kunt reflecteren, je terug kunt trekken, waar je kunt retreaten.'

* Notities

Extra tips

Retreat your MIND

Websites

www.thelittlesage.com.
Inspirerende en mooi vormgegeven website over intuïtief leven.

www.headspace.com.
Hiermee laat de Britse meditatieleraar Andy Puddicombe zien hoe eenvoudig mediteren is. Leer online, wanneer je wilt, waar je ook bent, in slechts 10 minuten per dag. Tevens als app verkrijgbaar.

www.theschooloflife.com/amsterdam.
Diverse workshops en cursussen die ingaan op de fundamentele vragen van het leven.

www.mindbodygreen.com.
Blog met artikelen over mind, body en voeding.

www.gerschurink.nl/audio.php.
Ruim aanbod aan gratis (mindfulness)-meditaties. Tevens te downloaden op smartphone of tablet.

www.stadsverlichting.nu.
Een initiatief van Kris en Tijn Touber. Elke tweede zondag van de maand tussen 20.00 en 21.00 uur meditatie in huiskamers in heel Nederland. Iedere zondagavond geleide meditatie in De Nieuwe Yogaschool in Amsterdam.

Retreat your HEART

Websites

www.365dagensuccesvol.nl.
Youtubekanaal: ***www.youtube.com/user/365dagensuccesvol***.
Blog met diverse artikelen en video's over hoe je het leven van je dromen creëert.

www.ted.com.
Diverse filmpjes met presentaties van inspirerende sprekers, veelal over persoonlijke verandering.

www.theperfectyou.nl.
Een nuchtere onlinegids voor een dagelijkse dosis inspiratie om volop van het leven te genieten.

Retreat your BODY

Websites

www.besopure.nl.
Het grootste assortiment op het gebied van natuurlijke haar- en huidverzorging, make-up en meer.

www.treatwell.nl.
Makkelijk online kapper, schoonheidsspecialist of massage zoeken en boeken. Kies uit duizenden treats bij meer dan 2000 salons in meer dan zestig steden.

www.mogadorcosmetics.nl.
100% biologische arganolie.

www.thehouseofyoga.com.
Onlineyogaplatform waar je via mobiel, tablet of computer yogalessen kunt volgen van (inter)nationale docenten. Naast yogalessen ook diverse artikelen.

www.iloveyoga.nl.
Yogakleding.

Apps

Yogify.
Een van de beste yoga-apps. Yogify biedt een aantal gratis oefenlessen, met meer dan 275 houdingen. Je kunt genieten van 35 uur gratis lessen, daarna betaal je per les of niveau.

Retreat your FOOD

websites

www.greenkitchenstories.com.
De heerlijkste vegetarische recepten.
Prachtige foto's.
www.kyradevreeze.nl.
Bodymind-chef en 'activist for health
& happiness'.
www.mynewroots.org.
Inspirerende foodblog van Sarah Britton.
www.vegadutchie.nl.
Diverse heerlijke veganistische recepten.
www.yellowlemontreeblog.com.
Foodblog met lekkere recepten en hotspots
en reistips.
www.pureella.com.
Oneindig veel heerlijke, gezonde recepten.
www.mydarlinglemonthyme.com.
Blog met recepten. Ook tips over hoe je je
eigen moestuin onderhoudt en inspiratie over
het leven.
www.potionjuicery.com.
Biologische koudgeperste sappen op Ibiza.

Apps

***Green Kitchen-Healthy vegetarian.
recipes.*** Gezonde vegetarische recepten.
Green Kitchen-Healthy desserts.
Gezonde nagerechten.
Evernote Food.
Met Evernote Food vind je de nieuwste
restaurants en kun je jouw favoriete
recepten bewaren.

En verder

www.ekoplaza.nl.
De grootste biologische supermarkt van
Nederland (ook online bestellingen!).
www.debuismuts.com.
Blog met interieurinspiratie, hotspots
in binnen- en buitenland en recepten.
www.glowmagazine.nl.
Blog over voeding, sport, gezondheid,
hotspots en reizen.
www.sunnycars.nl.
Autoverhuur over de hele wereld.
'Rent a smile'

Retreat your HOME

websites

www.blond-interiors.com.
Als interieurarchitect en -stylist geef ik je
graag persoonlijk advies voor je persoonlijke
of zakelijke interieur.
www.metmijke.nl.
Interieurstyliste Mijke Niks helpt je je nieuwe
interieur realiseren.
www.metjan.nl.
Jan Verschure begeleidt verbouwingen en
maakt meubels op maat.
www.fromibizatomarrakech.weebly.com.
Prachtige website met inspiratie over Ibiza,
Marrakech, interieur, fashion en lifestyle.
www.style-files.com.
Een inspirerende website op gebied van
interieur.

Winkels

Raw materials
Woonwinkel met meubels en accessoires van
over de hele wereld.
Rozengracht 231, Amsterdam.
www.rawmaterials.nl
Dille & Kamille
Winkel waar je alles op het gebied van
koken vindt.
www.dille-kamille.nl
Sissy Boy Homeland
Naast kleding heeft Sissy Boy een mooie
collectie voor je interieur.
www.sissy-boy.nl

Elk einde is een nieuwe begin.

Dankwoord

Wat een fantastisch en enerverend project was dit! Ongelooflijk dat het boek er écht gekomen is. Maandenlang heb ik nagedacht, notities gemaakt, geschreven en herschreven, overlegd met de uitgeverij en mensen om me heen. Door het schrijven van dit boek heb ik mezelf nog beter leren kennen en ben ik me nog bewuster van waar ik vandaan kom. Daar ben ik heel dankbaar voor. Dit boek wil ik daarom ook opdragen aan mijn ouders, die dit boek helaas zelf nooit zullen lezen, maar aan wie ik zoveel te danken heb. Bedankt, lieve mama en papa, dankzij jullie ben ik wie ik ben.

Heel veel dank aan Uitgeverij Gottmer, met name Anaïsa en Gonnie. Voor jullie vertrouwen, steun, meedenken, brainstormsessies en fantastische samenwerking. Wat heb ik met jullie gelachen! Kyra de Vreeze, zonder jou was ik nooit in contact gekomen met de uitgeverij en was dit boek er niet geweest. Dank je wel, lieve Kyra, voor je puurheid en enthousiasme. Mijn lieve zusje Lilay, ik vond het heel bijzonder om met je samen te werken. *Love you big time!*
Whitney, als trouwe meelezer. Geweldig dat je de tijd vrij wilde maken om mijn teksten te lezen en je eerlijke feedback te geven. Dank je wel daarvoor. Remko Kraaijeveld, Barbara Zonzin en Anouk van Baal voor de prachtige foto's. Jullie hebben precies vastgelegd wat ik voor ogen had! Daniëlle van den Stoom, dank je wel voor je onvoorwaardelijke steun en fantastische hulp tijdens de fotoshoot in Nederland. Mijke Niks en Jan Verschure, enorm bedankt voor het beschikbaar stellen van jullie prachtige huis om er te kunnen fotograferen. Ik had me geen mooiere locatie kunnen wensen. Monique Hemmers, vrolijke styliste van Ibiza. Wat fijn dat we in en om jouw bijzondere huis op Ibiza mochten fotograferen en dat je zo enthousiast meedacht met alles. Mieke Tau van Potion Juicery Ibiza, dank je wel voor je geweldige medewerking op Ibiza ondanks de koude wind die net die dag om Cala Comte heen raasde! Suzanne Nuis, jij hebt alles perfect samengevoegd en prachtig vormgegeven. Wat een cadeau.

IEDEREEN met wie ik de afgelopen jaren heb samengewerkt voor Retreat Yourself, *you know who you are*. Bedankt voor jullie onvoorwaardelijke inzet en steun, zonder jullie was Retreat Yourself niet gegroeid tot wat het nu is!

En uiteraard alle deelnemers die de afgelopen jaren hebben meegedaan aan de retreats van Retreat Yourself, zonder jullie was dit allemaal niet mogelijk geweest.

En last but not least, mijn lieve (pleeg)familie en al mijn lieve vrienden. Dank je wel! Voor al die keren in de afgelopen jaren dat ik over Retreat Yourself en over dit boek vertelde en jullie aandachtig luisterden. Ook al was ik soms van enthousiasme niet te stoppen.

Met speciale dank voor de sponsoring en medewerking aan dit boek:
Kuyichi, fairtrade biologische kleding, www.kuyichi.com
I love yoga, yogakleding, www.iloveyoga.nl
Sissy Boy Homeland, woonaccessoires www.sissy-boy.nl
Dille & Kamille, keuken- en woonaccessoires, www.dille-kamille.nl

Boeken

Iedereen is op zoek naar rust in deze hectische wereld. Altamira biedt inzicht, verdieping en ontspanning om het leven bewuster te leven.
Hier vind je inspirerende artikelen, interessante interviews, mooie quotes en nog veel meer op het gebied van gezondheid, psychologie en spiritualiteit.

ONZE BOEKEN OVER YOGA:

Liefde voor yoga
Erica Jago en Elena Brower
Liefde voor yoga is een inspirerend werkboek voor iedereen die met yoga bezig is of wil zijn. De foto's betoveren de lezer en de tekeningen demonstreren hoe de oefening vorm krijgt. In dit boek spatten de gezondheid en soepelheid van de pagina's af.
ISBN 978 94 0130 218 0 | **€ 24,95**

De 7 spirituele wetten van yoga
Deepak Chopra
Yoga is een beproefde methode om stijfheid en stress te lijf te gaan. Maar dat yoga ook een spirituele kant heeft, wordt vaak genegeerd. *De 7 spirituele wetten van yoga* laat zien hoe je die spirituele dimensie kunt ontdekken en integreren in je leven.
ISBN 978 94 0130 166 4 | **€ 13,95**

Yoga 15 minuten per dag
Ulrica Norberg
Yogalerares Ulrica Norberg geeft al meer dan 20 jaar les en heeft haar eigen studio in Zweden. In *Yoga 15 minuten per dag* geeft ze een overzicht van yogaoefeningen die je kunt doen in maar een kwartiertje per dag. Alle oefeningen zijn gericht op het verminderen van stress en het verkrijgen van kracht en energie.
ISBN 978 94 0130 159 6 | **€ 15,95**

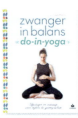

Zwanger in balans
Lilian Kluivers

Lilian Kluivers geeft in dit boek verschillende (yoga)oefenprogramma's en instructies voor (zelf)massages tijdens de zwangerschap. Alle oefeningen zijn gebaseerd op oosterse geneeswijzen en de Do-In-yoga in het bijzonder. *Zwanger in balans* helpt de kracht te (her)vinden voor een optimale zwangerschap en de periode daarna.
ISBN 978 94 0130 149 7 | **€ 19,95**

Easy Yoga
Kyra de Vreeze

In *Easy Yoga* vind je ruim 22 yoga-oefeningen voor iedere dag, voor geoefende yogi's en absolute beginners. Ontspannende yin-houdingen, maar ook de krachtige yang-houdingen. De oefeningen kunnen als een ochtend- of avondritueel worden gebruikt, of juist tussendoor worden gedaan.
ISBN 978 94 013 0270 8 | **€ 10,00**

Daytox
Kyra de Vreeze

Detoxen wordt vaak geassocieerd met in een ver en zonnig resort dagenlang vasten. Maar ontgiften kan ook heel goed thuis! Met de heerlijke recepten en fijne yogaoefeningen uit dit boek gaat het ook nog eens op een heel prettige manier. In *Daytox* worden zeven dagen beschreven die je achter elkaar of afzonderlijk kunt benutten om je leven gezonder, vrolijker en lekkerder te maken.
ISBN 978 90 230 1379 2 | **€ 18,95**

Yoga voor peuters en kleuters
Marjolein Tiemstra

Tiemstra presenteert materiaal om op een speelse en verantwoorde manier yoga te doen met kinderen vanaf de peuterleeftijd. Verder heeft ze aandacht voor liedjes en spelletjes die yoga voor jonge kinderen afwisselend en speels houden. Je hoeft zelf geen ervaring met yoga te hebben om met dit boek te kunnen werken.
ISBN 978 90 6963 759 4 | **€ 17,95**

Traumaverwerking door yoga
David Emerson en Elizabeth Hopper

Vier karakteristieken spelen een rol bij traumagerichte yoga: ervaren in het nu, keuzes maken, effectief actie ondernemen en creëren van ritmes. Dit boek vormt een onmisbare leidraad voor yogaleraren, therapeuten en ervaringsdeskundigen. Peter Levine, auteur van *De tijger ontwaakt*, schreef het voorwoord.
ISBN 978 94 0130 144 2 | **€ 17,95**

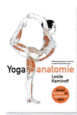

Yoga-anatomie
Leslie Kaminoff

Yoga-anatomie geeft de klassieke asana's weer met behulp van gedetailleerde, anatomische tekeningen. Zo begrijp je de structuren en principes die aan elke houding ten grondslag liggen beter. Voor zowel beginners als gevorderden vormt *Yoga-anatomie* een onmisbare leidraad.
ISBN 978 94 0130 114 5 | **€ 29,95**

Handboek critical alignment yoga
Gert van Leeuwen

Critical alignment yoga werpt een verrassend nieuw licht op yoga. Yogadocent Gert van Leeuwen verbindt in zijn boek yoga met medisch denken, meditatieve stromingen en psychologie. Critical alignment is een goed onderbouwde methode om negatieve houdingen en bewegingen, en negatieve gedachtepatronen te leren doorbreken.
ISBN 978 90 6963 967 3 | **€ 39,95**

Yoga als levenskunst
B.K.S. Iyengar

Yoga als levenskunst beschrijft de weg naar heelheid, innerlijke vrede en totale vrijheid. B.K.S. Iyengar (India,1918-2014) roept de lezer op 'de grote stroom over te steken van de oever van onwetendheid naar de oever van kennis en wijsheid'. Vijftig jaar geleden kwam Iyengar naar het Westen om zijn licht te laten schijnen over yoga. Nu presenteert hij in dit indrukwekkende boek zijn ervaringen van een halve eeuw.
ISBN 978 94 0130 177 0 | **€ 19,95**

Yoga 4Teens
Rosalinda Weel

Yoga 4Teens is een unieke yoga- en meditatiebox, speciaal gemaakt door en voor tieners. Yoga- en meditatiedocent Rosalinda Weel ontdekte dat 7 thema's een grote rol spelen in het leven van tieners: balans, uniek zijn, kracht, liefde, zelfvertrouwen, inzicht en vreugde. Rond deze thema's heeft zij *Yoga 4Teens* ontwikkeld.
ISBN 978 94 0130 090 2 | **€ 19,95**

VOOR MEER BOEKEN

OVER YOGA:

WWW.ALTAMIRA.NL

Iedereen
is in staat
groots
te leven.

MARTIN LUTHER KING